Le JEU de la VIE

et comment le jouer

FLORENCE SCOVEL SHINN

Le JEU de la VIE

et comment le jouer

Traduit de l'anglais par
Sylvie Fortier

OCTAVE
ÉDITIONS

Catalogage avant publication de Bibliothèque et Archives nationales du Québec et Bibliothèque et Archives Canada

Shinn, Florence Scovel, m. 1940

Le jeu de la vie et comment le jouer

Traduction de : The Game of Live and How To Play It

ISBN 978-2-923717-51-7

1. Succès - Aspect psychologique. 2. Morale pratique. 3. Réalisation de soi. I. Titre.

BF637.S8S54214 2011 158.1 C2011-941431-7

Conception graphique de la page couverture et infographie : Michel Laverdière

ISBN : 978-2-923717-51-7

Dépôt légal : Bibliothèque et Archives nationales du Québec, 2011
Bibliothèque et Archives Canada, 2011

Site Internet : www.editionsoctave.com

Imprimé au Canada

LE JEU

La majorité des gens considèrent la vie comme un combat, ce qu'elle n'est pas : en fait, la vie est un jeu.

Par contre, c'est un jeu auquel on ne peut gagner à moins de connaître la loi spirituelle. Or, l'Ancien et le Nouveau Testament en énoncent les règles avec une clarté limpide. Jésus-Christ nous a enseigné qu'il s'agissait d'un jeu formidable qui consiste à donner et recevoir.

« Ce qu'un homme aura semé, il le moissonnera aussi. » Cette phrase indique que tout ce que nous exprimons en paroles ou en gestes nous reviendra et que ce que nous donnons, nous le recevrons en retour.

Celui qui donne la haine recevra la haine et celui qui donne l'amour recevra l'amour. Celui qui donne la critique recevra la critique. S'il ment, on lui mentira ; s'il trompe, on le trompera. Nous apprenons également que l'imagination joue un rôle prépondérant dans le jeu de la vie.

« Garde ton cœur [imagination] plus que toute autre chose, car de lui viennent les sources de la vie » (Pr. 4 ; 23).

Cela signifie que tôt ou tard, ce que nous imaginons se concrétise dans notre vie. J'ai connu un homme qui avait peur d'une maladie en particulier. C'était une maladie très rare et très difficile à contracter, mais il y pensait tout le temps et lisait continuellement sur le sujet, ce qui fait qu'elle s'est manifestée dans son organisme et a mis fin à ses jours. Il a été victime de son imagination débridée.

Nous comprenons de ce fait que pour réussir au jeu de la vie, nous devons former notre imagination. Celui qui a formé son imagination à ne voir que le bien fait entrer dans sa vie « tous les désirs vertueux de son cœur » : la santé, la richesse, l'amour, les amis, l'expression parfaite de son être ainsi que ses idéaux les plus élevés.

L'imagination a été appelée « le ciseau de l'esprit » : elle sculpte et cisèle constamment, jour après jour, les images que nous projetons sur notre écran mental ; et tôt ou tard nous voyons apparaître nos créations dans le monde qui nous entoure. Pour former notre imagination, nous devons comprendre le fonctionnement de notre esprit. Les Grecs disaient : « Connais-toi toi-même ! »

L'esprit se compose de trois parties : le subconscient, le conscient et la supraconscience. Le subconscient n'est qu'une force sans direction. Pareil à la vapeur ou à l'électricité, il agit en fonction de ce qu'on lui demande et n'est pas doté du pouvoir d'induction.

Ce que nous ressentons profondément ou imaginons clairement s'imprime dans notre subconscient et se manifeste dans le moindre détail.

Prenons un exemple : j'ai connu une femme qui jouait tout le temps à faire semblant d'être une veuve, quand elle était enfant. Elle se costumait en noir et portait un long voile sombre. On la trouvait très drôle et amusante. Une fois adulte, elle a épousé un homme qu'elle aimait profondément. Il est décédé très vite et elle a porté des vêtements et un voile noirs durant des années. L'image qu'elle avait façonnée s'était gravée dans son subconscient et s'est concrétisée en temps opportun, en dépit du bouleversement qu'elle a entraîné.

On a qualifié le conscient d'esprit mortel ou charnel.

C'est l'esprit ordinaire qui voit la vie en fonction des apparences. Il voit la mort, les catastrophes, la maladie, la pauvreté et les restrictions de toutes sortes, et marque le subconscient en conséquence.

La supraconscience représente l'Esprit divin en chacun de nous et le domaine des idées parfaites.

Elle contient le « modèle parfait » dont parlait Platon, le dessein divin, puisqu'un dessein divin est prévu pour chacun de nous.

« Il y a une place que vous devez occuper, que personne d'autre ne peut occuper, une chose que vous devez faire, que personne d'autre ne peut faire. »

La supraconscience contient l'image parfaite de ce modèle. En général, il brille fugitivement dans le conscient comme un idéal inatteignable, « quelque chose de trop beau pour être vrai ».

En réalité, c'est le véritable destin de l'être (ou sa destination), déployé devant lui par l'Intelligence infinie qu'il porte en lui.

Malheureusement, beaucoup de gens ne connaissent pas leur véritable destin et aspirent à des choses et à des situations qui ne leur appartiennent pas et ne leur apporteraient qu'échec et insatisfaction en se concrétisant.

Ainsi, une jeune femme est venue me consulter pour me demander de « formuler la demande » qui ferait en sorte qu'elle épouse l'homme dont elle était très amoureuse et qu'elle appelait A. B.

Je lui ai répondu que ce serait violer la loi spirituelle, mais que je formulerais néanmoins une demande destinée à lui amener le bon parti, le « choix divin », l'homme qui lui appartenait par droit divin.

J'ai ajouté : « Si A. B. est l'homme qui vous convient, vous ne pouvez pas le perdre. Dans le cas contraire, vous recevrez son équivalent. » Elle a souvent revu A. B. par la suite, mais leur amitié n'a pas progressé. Un soir, elle m'a téléphoné pour me dire : « A. B. ne m'a pas paru si merveilleux, cette dernière semaine. » J'ai répondu : « Ce n'est peut-être pas lui, le choix divin ; ce sera peut-être un autre homme. » Peu de temps après, elle a fait la connaissance d'un autre homme. Il a eu le coup de foudre pour elle et lui a déclaré qu'elle était son idéal. En fait, il lui a dit tout ce qu'elle avait toujours voulu entendre de la bouche d'A. B.

Elle m'a confié qu'elle trouvait la situation troublante, mais elle s'est bientôt tournée vers son nouvel amour et a perdu tout intérêt pour A. B.

Cette anecdote illustre la loi de la substitution. L'idée juste a remplacé l'idée erronée, sans qu'il y ait perte ou sacrifice.

Jésus-Christ a dit : « Cherchez premièrement le royaume et la justice de Dieu ; et toutes ces choses vous seront données par-dessus. » Il a aussi affirmé que le Royaume était à l'intérieur de nous.

Le Royaume est le domaine des idées justes ou du dessein divin.

Jésus-Christ nous a enseigné que nos paroles jouent un rôle primordial dans le jeu de la vie. « Car par tes paroles tu seras justifié, et par tes paroles tu seras condamné. »

Bien des gens attirent le malheur dans leur vie par de vaines paroles.

Ainsi, une femme m'a demandé un jour pourquoi elle vivait dans le dénuement, après avoir été riche, avoir possédé une maison et vécu dans le luxe. Nous avons découvert que la gestion de sa maison lui avait souvent pesé et qu'elle avait répété à maintes reprises : « J'en ai assez de toutes ces choses, je voudrais vivre dans une valise. » Elle a conclu : « C'est fait, maintenant. » Ses paroles avaient réduit sa situation à une valise. Le subconscient n'a pas le sens de l'humour et c'est ainsi que nous nous attirons souvent des expériences malheureuses par nos plaisanteries.

Par exemple, une femme très fortunée disait toujours à la blague qu'elle se « préparait à vivre à l'hospice ».

Elle s'est retrouvée presque ruinée en quelques années, ayant gravé dans son subconscient une image de pénurie et de restrictions.

Heureusement, la loi fonctionne dans les deux sens : on peut transformer la pénurie en abondance.

Prenons un exemple : par une journée torride d'été, une femme est venue me voir pour un « traitement » de prospérité. Elle était épuisée, abattue et découragée. Elle m'a avoué qu'elle ne possédait en tout et pour tout que huit dollars. Je lui ai dit : « Bien. Nous allons bénir ces huit dollars et les multiplier comme Jésus-Christ a multiplié les pains et les poissons. » En effet, Il nous a enseigné que chacun de nous a le pouvoir de bénir et de multiplier, de guérir et de prospérer.

« Que dois-je faire ensuite ? » demanda-t-elle.

J'ai répondu : « Suivez votre intuition. Avez-vous eu l'intuition de faire quelque chose ou de vous rendre quelque part ? » « Intuition » signifie pressentir ou être instruit de l'intérieur. L'intuition est notre guide infaillible et j'aborderai en détail les lois qui la concernent dans un chapitre subséquent.

Elle a repris : « Je ne sais pas. Je sens que je devrais rentrer dans ma famille ; il me reste juste assez d'argent pour le billet de retour. » Comme sa famille vivait dans la pauvreté et le dénuement dans une ville éloignée, la raison (c'est-à-dire l'intellect) aurait voulu qu'elle reste à New York, se trouve du travail et gagne de quoi vivre. Mais, je lui ai conseillé : « Rentrez chez vous, dans ce cas. Ne rejetez jamais une intuition. » J'ai ensuite formulé la demande suivante à son intention :

« Esprit infini, ouvre à __________ la voie

d'une abondance prodigieuse. Elle attire irrésistiblement tout ce qui est à elle par droit divin. » Je lui ai ensuite recommandé de répéter ces deux phrases sans relâche. Elle est partie immédiatement dans sa famille. Un jour, en rendant visite à une amie, elle a renoué avec un vieil ami de la famille.

Grâce à lui, elle a reçu des milliers de dollars de la façon la plus miraculeuse qui soit. Elle m'a souvent répété depuis : « Parlez aux gens de la femme qui est venue vous voir avec huit dollars en poche et une intuition. »

L'abondance est toujours présente, mais c'est le désir, la foi et la parole qui rendent sa manifestation possible. Jésus-Christ a clairement indiqué que nous devons faire le premier pas.

« Demandez, et l'on vous donnera ; cherchez, et vous trouverez ; frappez, et l'on vous ouvrira. »

Par ailleurs, nous lisons dans les Saintes Écritures : « Veut-on me questionner sur l'avenir, me donner des ordres [...] sur l'œuvre de mes mains ? »

Intelligence infinie, Dieu est toujours prêt à donner suite à nos demandes, petites ou grandes.

Tout désir, exprimé ou non, est une demande. On est souvent étonné de voir un de ses souhaits subitement réalisé.

Ainsi, une année aux environs de Pâques, après avoir admiré plusieurs beaux rosiers dans les vitrines des fleuristes, j'ai souhaité en recevoir un en cadeau et pendant un instant j'en ai vu un en imagination m'être livré à la maison.

Le jour de Pâques, j'ai reçu un beau rosier. Le lendemain, j'ai remercié l'amie qui me l'avait offert en lui disant que c'était exactement ce que je voulais.

Elle a répondu : « Mais, je ne t'ai pas envoyé de rosier, je t'ai envoyé des lis ! »

Le fleuriste a confondu sa commande avec une autre et m'a envoyé un rosier, tout simplement parce que j'avais mis la loi en action et que je devais recevoir un rosier.

Il n'y a rien entre nous et nos idéaux les plus nobles, nos désirs sincères, sinon le doute et la peur. Lorsque nous serons capables de « souhaiter sans nous inquiéter », tous nos désirs seront immédiatement satisfaits.

J'expliquerai plus en détail dans un chapitre subséquent la raison scientifique de ce phénomène et l'importance d'éradiquer la peur de la conscience. La peur est notre seule ennemie : peur du manque, peur de l'échec, peur de la maladie, peur de la perte et sentiment d'insécurité sur un plan quelconque . Jésus-Christ a dit : « Pourquoi avez-vous peur, gens de peu de foi ? » (Mt. 8 ; 26) Nous comprenons que nous devons substituer la foi à la peur, puisque la peur n'est qu'une foi mal placée : c'est croire au mal plutôt qu'au bien.

Le but du jeu de la vie consiste à voir distinctement notre bien et à effacer toutes les images mentales du mal. Pour y parvenir, il faut graver la réalisation du bien dans notre subconscient. Un homme brillant et très prospère m'a confié qu'il avait effacé toute peur de sa conscience du jour où il a lu sur une affiche cette phrase en lettres majuscules : « POURQUOI VOUS INQUIÉTER ? CELA NE SE PRODUIRA PROBABLEMENT JAMAIS. » Ces mots se sont imprimés de façon indélébile dans son subconscient et il a maintenant la ferme conviction que seul le bien peut entrer dans sa vie, ce qui fait que seul le bien a le pouvoir de se manifester dans sa vie.

Dans un prochain chapitre, j'aborderai les différentes méthodes qui permettent de programmer le subconscient. Le subconscient est notre fidèle serviteur, mais il faut apprendre à lui donner des ordres bien formulés. Nous sommes toujours accompagnés de ce témoin silencieux.

Toute pensée, toute parole, se grave dans le subconscient et se manifeste avec un souci étonnant du détail. Le phénomène s'apparente à l'enregistrement d'un disque par un chanteur.

Toutes les notes, toutes les nuances de sa voix sont enregistrées. Le cas échéant, la plaque sensible enregistrera aussi sa toux ou ses hésitations. Par conséquent, faisons en sorte de briser tous les vieux disques malsains de notre inconscient, ces programmations de vie que nous ne souhaitons plus conserver, et créons-en d'autres, beaux et neufs.

Prononcez ces paroles à voix haute, avec force et conviction : « J'abolis par ma parole toutes mes programmations erronées et je les efface sur-le-champ de mon subconscient. Parce qu'elles sont nées de mes vaines imaginations, elles se désagrègent et retournent à leur néant originel. À partir de maintenant, j'instaure des programmations parfaites avec mon Christ intérieur : des programmations de santé, de richesse, d'amour et d'expression parfaite de moi. » C'est le carré de la vie, le jeu achevé.

Dans les chapitres qui suivent, je démontrerai comment nous pouvons modifier notre situation en modifiant notre discours. Toute personne qui ne connaît pas le pouvoir de sa parole est en retard sur son temps.

« La mort et la vie sont au pouvoir de la langue » (Pr. 8 ; 21).

LA LOI DE LA PROSPÉRITÉ

« *Et le Tout-Puissant sera ton or,*
ton argent, ta richesse. »

L'un des plus grands messages des Saintes Écritures à l'humanité est que Dieu est notre richesse et que, par notre parole, nous pouvons rendre manifeste tout ce qui nous appartient par droit divin. La foi que nous avons en notre parole doit toutefois être parfaite.

Ésaïe a dit : « Ainsi en est-il de ma parole, qui sort de ma bouche : elle ne retourne point à moi sans effet, sans avoir exécuté ma volonté et accompli mes desseins. » Nous savons aujourd'hui que les paroles et les pensées représentent une force vibratoire redoutable qui façonne constamment notre corps et nos affaires.

Un jour, j'ai reçu une femme très bouleversée qui m'a confié qu'on allait la poursuivre pour trois mille dollars le quinze du mois. Comme elle n'avait aucun moyen de se procurer cette somme, elle était désespérée.

Je lui ai dit que Dieu était sa richesse et

qu'il existe une réponse à chaque demande.

Et j'ai formulé la demande ! J'ai remercié du fait que ma cliente allait recevoir trois mille dollars au bon moment et de la bonne manière. Je lui ai dit qu'elle devait faire preuve d'une foi parfaite et agir en fonction de celle-ci. Le quinze du mois est arrivé sans que l'argent se matérialise.

Elle m'a téléphoné pour me demander conseil.

Je lui ai dit : « Comme c'est samedi, vous ne serez pas poursuivie aujourd'hui. Votre rôle consiste à agir comme si vous étiez riche et à faire ainsi la preuve que vous croyez parfaitement que vous recevrez l'argent d'ici lundi. » Elle m'a invitée à déjeuner pour fortifier son courage. En la rejoignant au restaurant, j'ai déclaré : « Ce n'est pas le temps d'économiser. Commandez un déjeuner somptueux, agissez comme si vous aviez déjà reçu les trois mille dollars. “ Tout ce que vous demanderez avec foi par la prière, vous le recevrez. ” Vous devez agir comme si vous l'aviez déjà reçu. »

Le lendemain matin, elle m'a téléphoné pour me demander de passer la journée avec elle. J'ai répondu : « Non, vous êtes divinement protégée et Dieu n'est jamais en retard. »

Le même soir, elle me rappelait, très énervée, pour me dire : « Un miracle s'est produit, ma chère ! J'étais dans ma chambre ce matin quand on a sonné à la porte. J'ai dit à la bonne de ne laisser entrer personne, mais après avoir jeté un coup d'œil par la fenêtre, elle m'a dit : "C'est votre cousin à la longue barbe blanche."

« Je lui ai demandé de le rappeler, ajoutant que j'aimerais le voir. Il s'apprêtait à tourner le coin quand il a entendu la voix de la bonne et il est revenu.

« Nous avons bavardé environ une heure et au moment de partir, il m'a demandé : "En passant, comment sont tes finances ?"

« Je lui ai dit que j'avais besoin d'argent et il m'a répondu : "Mais, ma chère, je te donnerai les trois mille dollars le premier du mois."

« Je ne voulais pas lui parler de la poursuite. Qu'est-ce que je vais faire ? Je ne recevrai pas l'argent avant le premier du mois et il me le faut demain. » J'ai répondu : « Je vais poursuivre le "traitement". »

J'ai déclaré : « L'Esprit n'est jamais en retard. Je remercie de ce qu'elle a reçu l'argent sur le plan invisible et qu'il se manifeste à temps. » Le lendemain, son cousin lui a téléphoné pour lui demander de passer à son bureau avant le déjeuner pour qu'il lui remette l'argent. L'après-midi, les trois mille dollars étaient déposés à la banque et mon amie libellait les chèques aussi vite que son excitation le lui permettait.

Celui qui demande de réussir et se prépare à échouer obtiendra le résultat pour lequel il s'est préparé. Ainsi, un homme est venu me consulter pour me demander de formuler la demande qui lui permettrait d'effacer une dette.

J'ai découvert qu'il consacrait son temps à planifier ce qu'il dirait à son créancier en ne lui remettant pas ce qu'il lui devait, neutralisant par le fait même mes paroles. Il aurait dû se voir en train de payer sa dette.

Nous trouvons une merveilleuse illustration de cette façon de faire dans la Bible, dans l'histoire des trois rois qui sont dans le désert, sans eau pour leurs hommes et leurs chevaux. Ils consultent Élisée, qui leur transmet ce message étonnant :

« Faites dans cette vallée des fosses, des fosses ! Car ainsi parle l'Éternel : vous n'apercevrez point de vent et vous ne verrez point de pluie, et cette vallée se remplira d'eau et vous boirez, vous, vos troupeaux et votre bétail. »

Nous devons nous préparer à recevoir ce que nous avons demandé, alors même qu'il n'y a pas l'ombre d'un signe en vue.

C'est ainsi qu'une femme s'est vue dans la nécessité de chercher un appartement à New York durant une période de grande pénurie de logement. L'affaire était considérée comme presque impossible et ses amies désolées la plaignaient en disant : « Quel dommage, tu vas devoir entreposer ton ménage et vivre à l'hôtel. » Elle répondait : « Ne soyez pas désolées pour moi, je suis suprahumaine et je vais trouver un appartement. »

Elle a formulé sa demande : « Esprit infini, ouvre la voie vers l'appartement qui me convient parfaitement. » Elle savait qu'il existe une réponse à chaque demande, qu'elle n'était pas « conditionnée », qu'elle travaillait sur le plan spirituel et que « un plus Dieu est une majorité ».

Elle réfléchissait à l'idée de s'acheter de nouvelles couvertures, quand « le tentateur » – la raison et sa pensée négative – lui a susurré : « N'achète pas de couvertures... Peut-être que tu ne trouveras pas d'appartement après tout et que tu ne pourras pas t'en servir. » Elle s'est empressée d'affirmer : « Je vais creuser mes fosses en m'achetant des couvertures ! » Et elle s'est préparée à la matérialisation de son appartement, en agissant comme si elle l'avait déjà déniché.

Elle en a trouvé un de manière miraculeuse et il lui a été attribué en dépit du fait que plus de deux cents autres personnes avaient fait une offre pour l'obtenir.

Les couvertures faisaient la preuve d'une foi proactive.

Inutile de dire que les fosses creusées par

les trois rois dans le désert ont été remplies au point de déborder. (Lisez 2 R. 3.)

Il n'est pas facile pour le commun des mortels de s'habituer au mode spirituel de penser. Les pensées négatives de doute et de peur montent du subconscient. Elles représentent « les armées étrangères » qu'il faut faire fuir. Voilà pourquoi bien souvent « il fait plus sombre avant l'aube ».

Des pensées tourmentées précèdent généralement une grande démonstration.

En affirmant une grande vérité spirituelle, on remet en question les vieilles croyances du subconscient, exposant du même coup l'erreur à éradiquer.

C'est à ce moment qu'il faut répéter sans relâche ses affirmations de vérité, se réjouir et remercier de ce que l'on a déjà reçu. « Avant qu'ils m'invoquent, je répondrai. » Cela signifie que « chaque don bon et parfait » attend que nous reconnaissions qu'il est déjà là.

On ne peut recevoir que ce qu'on se voit recevoir.

Les enfants d'Israël se sont fait dire qu'ils pouvaient posséder toute la terre qu'ils étaient capables de voir. Cette vérité s'applique à chacun de nous. On ne possède que la terre qui fait partie de sa vision mentale. Les grandes œuvres, les grands accomplissements sont nés parce que leurs auteurs s'en sont tenus à leur vision. Et bien souvent, ils ont vécu l'échec apparent et le découragement avant ce grand accomplissement.

En arrivant à la « Terre promise », les enfants d'Israël ont eu peur d'y pénétrer, affirmant qu'elle grouillait de géants qui leur donnaient l'impression d'être des sauterelles. « Et nous y avons vu les géants et nous étions à nos yeux et aux leurs comme des sauterelles. » C'est l'expérience que vit chacun ou presque.

Néanmoins, celui qui connaît la loi spirituelle ne se laisse pas troubler par les apparences et se réjouit alors même qu'il est « encore en captivité ». C'est-à-dire qu'il s'en tient à sa vision et remercie de l'accomplissement du résultat, d'avoir reçu.

Jésus-Christ en a donné un merveilleux exemple. Il a dit à ses disciples : « Ne dites-vous pas qu'il y a encore quatre mois jusqu'à la moisson ? Voici, je vous le dis, levez les yeux, et regardez les champs qui déjà blanchissent pour la moisson. » Sa vision limpide transperçait le « monde de la matière », il voyait clairement le monde de la quatrième dimension, les choses comme elles sont en réalité, parfaites et complètes dans l'Esprit divin. C'est pourquoi nous devons toujours nous en tenir à la vision de notre but et demander la manifestation de ce que nous avons déjà reçu, que ce soit la santé parfaite, l'amour, la richesse, l'expression de soi, un foyer ou un cercle d'amis.

Ce sont ces idées parfaites et complètes, gravées dans l'Esprit divin (supraconscience), qui doivent s'exprimer à travers nous, plutôt que de venir à nous. Ainsi, un homme est venu me consulter pour obtenir de réussir une entreprise : il fallait impérativement qu'il rassemble cinquante mille dollars pour sa société avant une certaine date. L'échéance arrivait à terme lorsqu'il est venu me voir, au désespoir. Personne ne voulait investir dans sa société et la banque avait catégoriquement refusé de lui octroyer un prêt.

Je lui ai dit : « Je suppose que vous vous êtes mis en colère à la banque et que vous avez par conséquent perdu votre pouvoir. Vous pouvez dominer n'importe quelle situation, mais il faut vous maîtriser d'abord. Retournez à la banque, ai-je ajouté ; pendant ce temps, je ferai un traitement. » Mon traitement consistait à dire : « Vous êtes reconnu dans l'amour par l'esprit de tous ceux qui sont associés à la banque. Laissez l'Idée divine émerger de la situation. » Il m'a répondu : « Vous parlez d'une impossibilité. C'est demain samedi, les banques ferment à midi et mon train ne sera pas sur place avant dix heures. L'échéance arrive à terme demain et de toute façon, on refusera de me prêter. Il est trop tard. » J'ai rétorqué : « Dieu n'est pas tributaire du temps et Il n'est jamais en retard. À Lui tout est possible. Je ne connais rien aux affaires, mais je sais tout ce qu'il y a à savoir sur Dieu. » Il a repris : « Tout cela me semble très bien quand je suis assis ici à vous écouter, mais quand je sors d'ici, c'est terrible. » Il habitait une ville éloignée et je n'ai pas eu de nouvelles de lui durant une semaine. Puis, une lettre est arrivée, qui disait : « Vous aviez raison. J'ai obtenu le prêt et je ne mettrai plus jamais en doute la vérité de tout ce que vous m'avez dit. »

En le revoyant quelques semaines plus tard, je lui ai dit : « Qu'est-ce qui s'est passé ? De toute évidence, vous avez eu suffisamment de temps. » Il m'a répondu : « Mon train avait du retard et je suis arrivé un quart d'heure avant la fermeture de la banque. Je suis entré tranquillement et j'ai dit que je venais pour le prêt : on me l'a accordé sans poser de question. »

Il ne restait qu'un quart d'heure avant l'échéance, mais l'Esprit infini n'est jamais en retard. Dans ce cas, mon client n'aurait jamais été capable de faire la démonstration tout seul. Il avait besoin de quelqu'un pour l'aider à s'en tenir à sa vision. Voilà ce que chacun peut faire pour son prochain.

Jésus-Christ reconnaissait cette vérité

lorsqu'Il a dit : « Je vous dis encore que, si deux d'entre vous s'accordent sur la terre pour demander une chose quelconque, elle leur sera accordée par mon Père qui est dans les cieux. » Parce qu'on devient trop attaché à ses propres affaires, on se laisse envahir par le doute et la peur.

L'ami ou le « guérisseur » voit distinctement le succès, la santé ou la prospérité et ne faiblit jamais, parce qu'il n'est pas partie prenante de la situation.

Il est beaucoup plus facile de « démontrer » pour quelqu'un d'autre que soi, aussi il ne faut jamais hésiter à demander de l'aide lorsqu'on se sent vaciller.

Un observateur minutieux de la vie a déjà dit que « nul homme ne pouvait échouer si au moins une personne le voyait réussir ». Telle est la puissance de la vision et bien des grands hommes doivent leur succès à la conjointe, la sœur ou l'ami, qui a cru en eux et maintenu sans faiblir le modèle parfait !

LE POUVOIR DE LA PAROLE

« *Car par tes paroles tu seras justifié, et par tes paroles tu seras condamné.* »

Celui qui connaît le pouvoir de la parole en vient à faire très attention à ce qu'il dit. Il n'a qu'à observer la réaction à ses propos pour savoir qu'ils « ne reviennent pas sans effet ». Chacun se crée continuellement des lois par sa parole.

J'ai connu un homme qui disait : « Je rate toujours le bus. Il part toujours à la minute où j'arrive. »

De son côté, sa fille disait : « J'attrape toujours le bus. Il arrive toujours à l'arrêt en même temps que moi. » La situation a perduré des années. Chacun avait décrété une loi distincte qui s'appliquait à lui, l'un pour échouer, l'autre pour réussir. C'est ce qui explique la psychologie des superstitions.

Le fer à cheval et la patte de lapin n'ont aucun pouvoir intrinsèque, mais l'affirmation et la croyance qu'ils sont porteurs de chance font naître l'expectative dans le subconscient et attirent « une situation heureuse ». Je constate cependant que cela ne « fonctionne » pas dans le cas de l'être spirituellement évolué qui connaît une loi supérieure. On ne peut revenir en arrière et il faut s'écarter des « images taillées ». Prenons un exemple : deux de mes étudiants ont eu beaucoup de succès en affaires durant plusieurs mois, quand brusquement tout s'est mis à dégringoler. Nous avons essayé d'analyser la situation et j'ai découvert qu'au lieu de répéter leurs affirmations et de se tourner vers Dieu pour réussir et prospérer, ils s'étaient acheté chacun un « singe porte-bonheur ». J'ai dit : « Je vois. Vous avez mis votre confiance dans les porte-bonheurs plutôt qu'en Dieu. Débarrassez-vous d'eux et invoquez la loi du pardon », puisque nous avons le pouvoir de pardonner ou de neutraliser nos erreurs.

Ils ont décidé de jeter les singes aux ordures et tout est rentré dans l'ordre. Cela ne veut pas dire qu'on doit jeter aux ordures tous les bibelots « fétiches » ou les fers à cheval qui décorent la maison, mais plutôt qu'on doit reconnaître que la force qui les alimente est le seul pouvoir qui soit, c'est-à-dire Dieu, et qu'ils induisent simplement un sentiment d'expectative.

Un jour, je me promenais avec une amie plongée dans un profond désespoir. En traversant la rue, elle a ramassé un fer à cheval, ce qui l'a immédiatement remplie de joie et d'espoir. Elle a conclu que Dieu le lui avait envoyé pour ranimer son courage.

De fait, c'était à peu près la seule chose susceptible de marquer son esprit conscient sur le moment. Son espoir s'est mué en foi et en fin de compte elle a fait une démonstration merveilleuse. J'aimerais préciser que les deux hommes dont il a été question plus haut n'avaient foi qu'en leurs singes, tandis que mon amie a reconnu la puissance derrière le fer à cheval.

Je sais que pour ma part, j'ai mis beaucoup de temps à extirper une de mes croyances, selon laquelle une chose en particulier n'apportait que déception. Lorsqu'elle se produisait, elle était invariablement suivie d'une déception. J'ai compris que la seule façon pour moi de pratiquer un changement dans mon subconscient consistait à affirmer : « Il n'y a pas deux pouvoirs, il n'y en a qu'un : Dieu. Par conséquent, il n'y a pas de déception et cette chose annonce une surprise agréable. » Le changement a été immédiat et les surprises agréables se sont mises à se produire dans mon quotidien.

J'avais une amie qui affirmait que rien ne la ferait passer sous une échelle. Je lui ai dit : « En ayant peur, tu cèdes à la croyance en deux pouvoirs, le Bien et le Mal, au lieu d'un seul. Comme Dieu est absolu, il ne peut y avoir de pouvoir contraire, sauf quand nous créons nous-mêmes le mensonge du mal. Pour montrer que tu crois en une seule force, c'est-à-dire en Dieu, et que le mal n'a aucun pouvoir ni réalité, passe sous la prochaine échelle que tu verras. » Peu de temps après, elle est allée à la banque pour ouvrir son coffret de sûreté dans la salle des coffres, mais une échelle lui barrait le chemin. Impossible pour elle d'atteindre son coffret à moins de passer sous l'échelle. Sa peur l'a d'abord fait battre en retraite, elle n'a pas pu « affronter le lion ». Mais en arrivant dans la rue, elle a entendu mes paroles résonner à ses oreilles, ce qui l'a décidée à retourner dans la salle des coffres et à passer sous l'échelle. C'était un grand moment dans sa vie, car les échelles la hantaient depuis des années. Or, en entrant dans la salle, elle a constaté que l'échelle avait disparu ! Cela se produit très souvent ! Celui qui est prêt à faire ce qui l'effraie n'est pas obligé de le faire au bout du compte.

C'est la loi de la non-résistance, d'ailleurs fort mal comprise.

Quelqu'un a dit qu'il y a du génie et de la magie dans le courage. Faites face à une situation sans crainte et il n'y a plus de situation à affronter : elle disparaît d'elle-même.

L'explication est que la peur a attiré l'échelle sur la route de mon amie et que le courage l'a fait disparaître.

C'est ainsi que les forces invisibles sont toujours à l'œuvre pour celui qui « tire toutes les ficelles » lui-même, même s'il ne le sait pas. Étant donné la puissance vibratoire des paroles, ce que l'être exprime, il commence à l'attirer. Les personnes qui parlent constamment de maladie finissent toujours par l'attirer.

Une fois qu'on connaît la vérité, on ne saurait être trop prudent dans ses paroles. Ainsi, j'ai une amie qui me dit souvent lorsqu'elle me téléphone : « Viens donc me rendre visite pour que nous bavardions comme dans le bon vieux temps. » Ce genre de conversation « comme dans le bon vieux temps » se traduit par une heure de propos destructeurs, durant laquelle cinq cents à mille mots sont prononcés principalement sur des sujets comme le deuil, la pénurie, l'échec et la maladie.

Je lui réponds : « Non merci, j'en ai assez de ce genre de conversations, elles coûtent trop cher. Par contre, je serai heureuse d'avoir avec toi un échange d'un nouveau genre où nous parlerons de ce que nous voulons, plutôt que de ce que nous ne voulons pas. » Un vieux dicton veut que l'homme n'ose utiliser sa parole autrement que pour trois desseins : « guérir, bénir ou prospérer ». Ce que chacun dit d'autrui, on le dira de lui et ce qu'il souhaite à un autre, c'est à lui-même qu'il le souhaite.

« Qui crache en l'air reçoit le crachat. »

En souhaitant la « malchance » à un autre, on est certain de se l'attirer. En souhaitant d'aider quelqu'un à réussir, on se souhaite de réussir et l'on s'aide à le faire.

On peut régénérer et transformer l'organisme par la parole et une vision limpide, et éradiquer complètement la maladie de la conscience. Le métaphysicien sait qu'à toute maladie correspond une équivalence mentale et que pour guérir le corps, il faut d'abord « guérir l'âme ».

L'âme correspond au subconscient et il faut la « sauver » de la pensée erronée.

Dans le vingt-troisième psaume, nous lisons : « Il restaure mon âme. » Cela signifie qu'il faut restaurer le subconscient, l'âme, en lui inculquant des idées justes. Par ailleurs, le « mariage mystique » symbolise l'union de l'âme et de l'esprit, c'est-à-dire du subconscient et de la supraconscience. Ils doivent fusionner. Une fois que le subconscient a fusionné avec les idées parfaites de la supraconscience, Dieu et l'homme ne font plus qu'un. « Moi et le Père, nous sommes un. » Il fusionne avec le royaume des idées parfaites, il est « l'homme fait à l'image (imagination) de Dieu » et il se voit conféré force et puissance sur toutes choses créées, sur son esprit, son corps et ses affaires.

On peut dire sans se tromper qu'une violation de la loi de l'amour est à l'origine de toutes les formes de maladie et de malheur. « Je vous donne un commandement nouveau : Aimez-vous les uns les autres. » Dans le jeu de la vie, l'amour, c'est-à-dire la bonne volonté, remporte toutes les manches.

En voici un exemple : je connais une femme qui a souffert des années d'une terrible maladie de peau. Les médecins lui ayant affirmé que son état était incurable, elle était au désespoir. Elle était comédienne et craignait de devoir bientôt renoncer à son art, alors qu'elle n'avait aucun autre moyen de subsistance. Elle avait néanmoins décroché un excellent engagement et récolté un franc succès le soir de la première. Les critiques ayant eu des commentaires flatteurs à son égard, elle était heureuse et ravie. Or, le lendemain, elle recevait son avis de congédiement. Un comédien de la distribution, jaloux de son succès, avait fait en sorte qu'elle soit renvoyée. Sentant la haine et le ressentiment s'emparer d'elle, la jeune femme s'est écriée : « Oh, Dieu ! Ne me laisse pas haïr cet homme. » Le soir même, elle a travaillé des heures « dans le silence ».

Elle m'a confié : « Je suis bientôt entrée dans un silence très profond. Je me sentais en paix avec moi-même, avec cet homme et avec le monde entier. J'ai poursuivi le travail les deux nuits qui ont suivi et le troisième jour, j'étais complètement guérie de ma maladie de peau ! » En demandant l'amour, c'est-à-dire la bonne volonté, elle a accompli la loi (« car l'amour est l'accomplissement de la loi ») et la maladie (qui venait d'un ressentiment inconscient) a été éradiquée.

La critique constante est à l'origine du rhumatisme, car les pensées critiques et inharmonieuses entraînent dans le sang la formation de dépôts acides qui s'agglutinent dans les articulations.

Les tumeurs sont causées par la jalousie, la haine, l'incapacité à pardonner, la peur, et ainsi de suite. Chaque maladie naît dans un esprit qui n'est pas en paix. Un jour, j'ai dit à mes étudiants : « Au lieu de demander : “qu'avez-vous ?”, nous pourrions aussi bien dire : “contre qui en avez-vous ?” » L'incapacité à pardonner est l'une des causes les plus fréquentes de maladie. Elle durcit les artères et le foie, affecte la vision et entraîne une foule de maux dans son sillage.

Un jour, j'ai rendu visite à une connaissance qui m'a dit qu'elle était malade parce qu'elle avait mangé une huître toxique. J'ai rétorqué : « Ah non, l'huître était inoffensive, c'est toi qui l'as rendue toxique. Contre qui en as-tu ? » Elle m'a répondu : « Oh, à peu près dix-neuf personnes. » Elle s'était querellée avec dix-neuf personnes et son état en était tellement affecté qu'elle avait attiré la mauvaise huître.

Toute discorde extérieure traduit une discordance intérieure. « L'extérieur est le reflet de l'intérieur. »

Les seuls ennemis que nous ayons sont en nous. « Et l'homme aura pour ennemis les gens de sa maison. » La personnalité est l'un des derniers ennemis à vaincre, étant donné que cette planète vit son initiation à l'amour. C'était le message du Christ : « Paix sur la terre aux hommes de bonne volonté ». L'être éclairé s'efforce de se perfectionner en servant son prochain. Il travaille sur lui-même et apprend à envoyer des bénédictions et de bonnes pensées à ses semblables ; or, l'exercice a cela de merveilleux qu'en bénissant quelqu'un, vous lui enlevez tout pouvoir de vous nuire.

Ainsi, un ami venu me consulter m'a demandé un « traitement » pour réussir en affaires. Il vendait de la machinerie et craignait l'échec en raison de l'arrivée d'un concurrent dont l'équipement était, selon lui, meilleur que le sien. J'ai dit : « Il nous faut d'abord effacer toute crainte en sachant que Dieu protège tes intérêts et que l'idée divine doit émerger de la situation. C'est-à-dire que le bon appareil sera vendu par le bon vendeur au bon client. Ne critique pas cet homme, ai-je ajouté. Bénis-le tout au long de la journée et prépare-toi à ne pas vendre ton appareil, si ce n'est pas l'Idée divine. » Il s'est rendu à sa réunion, sans crainte ni résistance, en bénissant son concurrent. Il m'a appris que le résultat du « traitement » avait été tout à fait étonnant. L'appareil de son concurrent avait refusé de fonctionner et de son côté il avait vendu le sien sans la moindre difficulté. « Mais moi, je vous dis : aimez vos ennemis, bénissez ceux qui vous maudissent, faites du bien à ceux qui vous haïssent, et priez pour ceux qui vous maltraitent et qui vous persécutent. »

La bonne volonté crée une grande aura de protection autour de celui qui la répand et « toute arme forgée contre [lui] sera sans effet ». Autrement dit, l'amour et la bonne volonté détruisent les ennemis que nous portons en nous et de ce fait les ennemis extérieurs disparaissent !

« Celui qui envoie des bonnes pensées à ses semblables connaît la paix sur la terre ! »

LA LOI DE LA NON-RÉSISTANCE

« Ne résistez pas au mal. Ne succombez pas au mal, mais triomphez-en par le bien. »

Rien sur terre ne peut résister à celui qui est absolument sans résistance.

Les Chinois affirment que l'eau est l'élément le plus puissant de tous en raison de sa parfaite non-résistance. Elle peut éroder le roc et tout balayer devant elle.

Jésus-Christ a dit de ne pas résister au mal. Il savait qu'en réalité, le mal n'existe pas, ce qui fait qu'il n'y a aucune raison de résister. Le mal vient de nos « vaines imaginations », de notre croyance en deux forces, le Bien et le Mal.

Une très vieille légende raconte qu'Adam et Ève ont mangé de Maya, l'arbre de l'Illusion, et qu'ils ont vu deux forces au lieu d'une seule, c'est-à-dire Dieu.

Par conséquent, le mal est une loi spécieuse que l'humanité s'est créée par un psychome, ou sommeil de l'âme. Le sommeil de l'âme signifie que l'âme est hypnotisée par une croyance spécifique (concernant le péché, la maladie, la mort, etc.) c'est-à-dire une pensée charnelle ou mortelle, et que ses affaires ont manifesté ses illusions dans le monde extérieur.

Nous avons vu dans un chapitre précédent que l'âme est notre subconscient, notre serviteur loyal qui manifeste à l'extérieur tout ce que nous ressentons intensément, que ce soit bien ou mal. Notre corps et nos affaires font la preuve de ce que nous avons imaginé. Le malade a imaginé la maladie, le pauvre, la pauvreté et le riche, la richesse.

On s'interroge souvent : « Pourquoi un enfant attire-t-il la maladie alors qu'il est même trop jeune pour connaître le sens du terme ? »

À cela, je réponds que les enfants sont sensibles et réceptifs aux pensées des autres à leur sujet et qu'ils manifestent souvent de façon tangible les craintes de leurs parents.

J'ai déjà entendu un métaphysicien dire ceci : « Si vous ne gouvernez pas votre subconscient, un autre s'en chargera à votre place. »

Dans bien des cas, les mères attirent inconsciemment la maladie et les désastres sur leurs enfants en ayant à leur sujet des pensées de peur et en surveillant l'apparition des symptômes de maladie.

Ainsi, une amie a demandé à une connaissance si sa petite fille avait eu la rougeole. La mère a répondu du tac au tac : « Pas encore ! » Elle donnait ainsi à entendre qu'elle s'attendait à la maladie et par conséquent elle pavait le chemin pour la manifestation de ce qu'elle ne voulait pas, tant pour elle que pour son enfant.

Néanmoins, celui qui est axé sur la pensée juste et qui l'a adoptée, celui qui est sans crainte et entoure ses semblables de pensées bienveillantes, ne peut être affecté ou influencé par les pensées négatives d'autrui. En fait, il ne pourra recevoir que des pensées bienveillantes, puisqu'il n'en projette que des bonnes.

La résistance représente l'enfer, car elle induit « un état de tourment ».

Un jour, un métaphysicien m'a donné une formule merveilleuse pour remporter toutes les manches de la vie : il s'agit du nec plus ultra de la non-résistance. Voici comment il me l'a expliquée : « À une certaine époque, je baptisais les enfants et, bien entendu, ils avaient plusieurs noms. Aujourd'hui, je ne baptise plus les enfants ; par contre, je baptise les événements et je leur donne le même nom à tous. Si je vis un échec, je le baptise succès, au nom du Père, du Fils et du Saint-Esprit ! »

C'est l'illustration de la grande loi de la transmutation, fondée sur la non-résistance. Par sa parole, cet homme transmute chaque échec en succès.

En voici un exemple : une femme qui avait besoin d'argent et connaissait la loi spirituelle de l'opulence était constamment obligée de faire affaires avec un homme qui la faisait sentir très pauvre. Il parlait de pénurie et de restrictions et elle s'était mise à adopter ses pensées de pauvreté, ce qui fait qu'elle le détestait et rejetait son échec sur lui. Elle savait que pour faire la démonstration de sa fortune, elle devait ressentir qu'elle avait déjà reçu : en effet, le sentiment d'opulence doit précéder la manifestation de cette dernière.

Un jour, elle a compris qu'elle résistait à la situation et voyait deux pouvoirs au lieu d'un seul. Elle a donc béni son partenaire d'affaires et baptisé la situation « Succès » ! Elle a affirmé : « Comme Dieu est la seule puissance qui existe, cet homme est là pour mon bien et ma prospérité » (exactement le rôle qu'il ne semblait pas jouer dans sa vie). Peu de temps après, elle a rencontré par l'intermédiaire de cet homme une femme qui lui a versé plusieurs milliers de dollars pour service rendu. De plus, ayant déménagé dans une ville éloignée, l'homme a disparu harmonieusement de sa vie. Répétez cette affirmation : « Toute personne est un maillon d'or dans la chaîne de mon bien. »

En effet, chaque personne est Dieu manifesté et attend que nous lui fournissions l'occasion de servir le dessein divin de notre vie.

« Bénissez votre ennemi et vous lui dérobez ses munitions. » Ses flèches seront transmutées en bénédictions.

Cette loi s'applique autant aux nations qu'aux individus. Bénissez une nation, envoyez à chacun de ses habitants des pensées d'amour et de bienveillance, et elle se voit privée de son pouvoir de faire du mal.

Ce n'est que par l'entendement spirituel qu'on peut se faire une idée juste de la non-résistance. Mes étudiants me disent souvent qu'ils ne veulent pas « devenir des poules mouillées », ce à quoi je réponds : « Quand vous appliquerez la non-résistance avec sagesse, plus personne ne pourra vous marcher sur les pieds. »

Voici un autre exemple : un jour, j'attendais avec impatience un important coup de fil. Je n'ai pas répondu à mes appels et je n'en ai fait aucun, en me disant que cela pourrait m'empêcher de recevoir celui que j'attendais.

Au lieu d'affirmer : « Les Idées divines n'entrent jamais en conflit, l'appel viendra au moment opportun », en laissant à l'Intelligence infinie le soin d'organiser les choses, j'ai commencé par les gérer moi-même. Je me suis approprié la bataille au lieu de la laisser à Dieu et je suis restée tendue et angoissée. Le téléphone n'a pas sonné durant environ une heure et en jetant un coup d'œil à l'appareil, j'ai constaté que le récepteur n'avait pas été replacé correctement et que l'appareil avait été débranché tout ce temps. Mon angoisse, ma peur et ma certitude de rencontrer des obstacles avaient concrétisé un dérangement. Comprenant ce que j'avais fait, j'ai béni la situation sur-le-champ ; je l'ai baptisée « Succès » et j'ai affirmé : « Je ne peux pas passer à côté d'un appel qui m'appartient par droit divin ; je suis sous le coup de la grâce et non de la loi. »

Une amie est partie rapidement en quête du téléphone le plus proche pour avertir la compagnie de rebrancher mon appareil.

Elle est entrée dans une épicerie achalandée dont le propriétaire a délaissé ses nombreux clients pour donner lui-même le coup de fil. Mon appareil a été rebranché sur-le-champ ; deux minutes plus tard, je recevais un appel très important et une heure plus tard environ, celui que j'attendais.

Tout est bien qui finit dans le calme.

Tant que nous résistons à une situation, elle s'accroche à nous. Si nous cherchons à la fuir, elle nous poursuit.

Un jour, j'ai répété ce qui précède à une connaissance qui m'a répondu : « Vous avez bien raison ! J'étais malheureuse à la maison, je n'aimais pas ma mère, une femme critique et dominatrice. Je me suis enfuie pour me marier, mais j'ai épousé ma mère, étant donné que mon mari était exactement comme elle. J'ai dû affronter la même situation une deuxième fois. »

« Accorde-toi promptement avec ton adversaire. »

Cela veut dire : admettez que cette situation adverse est bonne, ne soyez pas troublé et elle disparaîtra d'elle-même. « Aucune de ces choses ne me trouble » est une affirmation merveilleuse.

La situation discordante vient d'une discordance qu'on porte en soi.

Lorsque nous n'avons plus de réaction émotionnelle par rapport à une situation inharmonieuse, elle disparaît pour toujours de notre chemin.

Nous pouvons donc en conclure que nous devons toujours travailler sur nous-mêmes.

Certaines m'ont dit : « Faites des traitements pour changer mon conjoint (ou mon frère). » J'ai répondu : « Non. Je ferai des traitements pour vous changer ; lorsque vous changerez, votre conjoint et votre frère changeront. »

L'une de mes étudiantes avait pour habitude de mentir. Je lui ai dit que cette méthode menait à l'échec et que si elle mentait, on lui mentirait à son tour. Elle a répondu : « Tant pis, je ne peux pas m'en empêcher. »

Un jour, elle bavardait au téléphone avec son petit ami, dont elle était très amoureuse. Elle s'est tournée vers moi pour me dire : « Je ne lui fais pas confiance, je sais qu'il me ment. » J'ai répondu : « Eh bien, vous-même mentez. Il faut donc que quelqu'un vous mente à son tour et vous pouvez être certaine que ce sera la personne dont vous voulez le plus obtenir la vérité. » Je l'ai croisée quelque temps après et elle m'a annoncé qu'elle était guérie de son habitude de mentir.

Je lui ai demandé : « Qu'est-ce qui vous a guérie ? » Elle a répondu : « J'ai cohabité avec une femme encore plus menteuse que moi ! »

On est souvent guéri de ses défauts en les voyant chez l'autre.

La vie est un miroir et nous ne voyons dans notre entourage que le reflet de ce que nous sommes.

Vivre dans le passé est une habitude néfaste et une violation de la loi spirituelle.

Jésus-Christ a dit : « Voici maintenant le jour favorable, voici maintenant le jour du salut. »

La femme de Loth a regardé en arrière et a été transformée en statue de sel.

Le passé et l'avenir sont les pilleurs du

temps. Nous devrions bénir le passé, et l'oublier s'il nous maintient en esclavage, et aussi bénir l'avenir en sachant qu'il nous apportera des joies infinies, mais nous devrions surtout vivre pleinement dans le présent.

Ainsi, j'ai reçu une femme qui se plaignait de ne pas avoir d'argent pour acheter des cadeaux de Noël. Elle a ajouté : « Ce n'était pas du tout la même chose l'an dernier ; j'avais beaucoup d'argent et j'ai offert de très beaux cadeaux, mais cette année, je n'ai presque pas d'argent. »

Je lui ai répondu : « Vous ne ferez jamais de démonstration financière avec cet air pathétique et en vivant dans le passé. Vivez pleinement ici et maintenant et préparez-vous à donner des cadeaux de Noël. Creusez vos fosses et l'argent viendra. » Elle s'est exclamée : « Je sais ce que je vais faire ! Je vais acheter du ruban scintillant, des timbres de Noël et du papier d'emballage. » J'ai dit : « Faites-le et les présents viendront se coller d'eux-mêmes aux timbres. »

Cette façon de faire démontrait une certaine intrépidité financière et de la foi en Dieu, puisque la raison disait : « Garde tout ton argent, parce que tu n'es pas certaine d'en recevoir d'autre. »

Ma cliente a acheté les timbres, le papier et

la ficelle, et a reçu quelques jours avant Noël plusieurs centaines de dollars en cadeau. L'achat des timbres et de la ficelle a créé une impression d'expectative dans son subconscient et ouvert la voie à la manifestation de l'argent. Elle a eu tout le temps nécessaire pour faire ses emplettes.

On doit vivre suspendu dans le moment.

« Admire ce jour ! Telle est la salutation de l'aurore. »

Il faut se montrer en alerte sur le plan spirituel, toujours à l'affût de ses intuitions, et saisir chaque occasion qui passe.

Durant toute une journée, j'ai répété sans cesse (en silence) : « Esprit infini, fais en sorte que je ne rate aucune occasion » et le soir, on m'a annoncé une nouvelle très importante. Il est crucial de commencer chaque journée par les bonnes paroles.

Énoncez une affirmation dès le saut du lit.

Par exemple : « Que ta volonté soit faite aujourd'hui ! Aujourd'hui est une journée d'accomplissement. Je rends grâce pour cette journée parfaite. Les miracles succéderont aux miracles et les merveilles seront incessantes. »

Prenez cette habitude et vous verrez des merveilles et des miracles entrer dans votre vie.

Un matin, j'ai ouvert un livre et lu : « Regarde avec émerveillement ce qui est devant toi ! » C'était mon message de la journée et j'ai répété sans relâche : « Regarde avec émerveillement ce qui est devant toi. »

Vers midi, on m'a remis une importante somme d'argent, que j'avais souhaité obtenir pour concrétiser un certain projet.

Dans un prochain chapitre, je proposerai les affirmations qui me semblent les plus efficaces. Sachez cependant que vous ne devriez jamais employer une affirmation à moins qu'elle ne soit absolument satisfaisante et convaincante pour votre conscience ; par ailleurs, il arrive souvent qu'on modifie une affirmation pour l'adapter à chaque personne.

Ainsi, l'affirmation suivante a contribué à la réussite de plusieurs personnes :

« J'ai beaucoup de travail, divinement donné. Je sers de mon mieux et je suis très bien payé ! »

J'ai proposé la première phrase à une de mes étudiantes qui a ajouté la seconde.

Nous avons ainsi obtenu une affirmation très puissante, puisqu'un service parfait devrait toujours recevoir un paiement parfait ; par ailleurs, ce bout rimé se grave facilement dans le subconscient. Mon étudiante s'est mise à le chanter à voix haute et a bientôt décroché de façon merveilleuse un travail formidable ; elle donne un service hors pair pour lequel elle est très bien payée.

Un autre de mes étudiants, un hommes d'affaires, a adopté la même affirmation en remplaçant le mot « travail » par le mot « affaires ».

Il s'est mis à répéter : « Je brasse beaucoup d'affaires, divinement données. Je sers de mon mieux et je suis très bien payé ! » L'après-midi même, il a conclu un contrat de quarante et un mille dollars, alors que ses affaires tournaient au ralenti depuis des mois.

Il faut composer chaque affirmation avec soin et « prévoir toutes les éventualités ».

J'ai connu, par exemple, une femme qui était dans le besoin et qui a fait une demande pour obtenir du travail. Elle en a eu beaucoup, mais n'a jamais été payée. Elle sait maintenant qu'elle doit ajouter : « Je sers de mon mieux et je suis très bien payée ».

Chacun a droit à l'abondance par droit divin ! En fait, nous méritons plus que l'abondance !

« Tes greniers seront remplis d'abondance et tes cuves regorgeront de moût ! » Voilà l'idée de Dieu pour l'humanité. Lorsque chacun aura brisé les chaînes de la pénurie qui limitent sa conscience, l'Âge d'or lui appartiendra et tous ses désirs légitimes seront exaucés !

LA LOI DU KARMA ET LA LOI DU PARDON

On reçoit uniquement ce que l'on donne. Le jeu de la vie est un jeu de boomerangs. Nos pensées, nos paroles et nos actes nous reviennent tôt ou tard, avec une exactitude étonnante.

C'est la loi du karma, mot qui signifie « retour » en sanskrit. « Ce qu'un homme aura semé, il le moissonnera aussi. »

Pour illustrer cette loi, une amie m'a raconté une anecdote qui la concerne. Elle m'a dit : « J'élimine tout mon karma avec ma tante, parce que quoi que je lui dise, une autre personne me le répète. Je suis souvent irritable à la maison ; or, un soir au dîner, alors qu'elle bavardait, je lui ai dit : "Assez parlé, je souhaite manger en paix !" Le lendemain, je déjeunais avec une femme à qui je voulais faire bonne impression. Je parlais avec animation lorsqu'elle m'a dit : "Assez parlé, je souhaite manger en paix !" »

Comme mon amie a un niveau élevé de conscience, le retour karmique est beaucoup plus rapide dans son cas que dans celui d'une personne encore au niveau mental.

Plus on en sait, plus on a de responsabilités. Celui qui connaît la loi spirituelle et ne la met pas en pratique en subit intensément les conséquences. « La crainte du Seigneur [loi] est le commencement de la sagesse. » Substituer le mot « loi » au mot « Seigneur » clarifiera bien des passages de la Bible.

« À moi la vengeance, à moi la rétribution, dit le Seigneur [loi]. » C'est la loi qui exerce la vengeance et non pas Dieu. Dieu voit l'homme comme un être parfait, « créé à Son image » [imagination], à qui Il a conféré « force et puissance ».

C'est l'idée parfaite de notre être, gravée dans l'Esprit divin, qui attend que nous la reconnaissions. En effet, nous ne pouvons être que ce que nous nous voyons être et nous ne pouvons atteindre que ce que nous nous voyons atteindre.

« Rien ne se produit jamais sans témoin », affirme un vieux dicton.

On voit d'abord son échec ou son succès, sa joie ou son chagrin, avant leur manifestation visible, dans les scènes qu'on forge en imagination. Nous l'avons constaté dans l'exemple de la mère qui imagine son enfant malade ou dans celui de la femme qui voit le succès de son mari.

Jésus-Christ a dit : « Vous connaîtrez la vérité, et la vérité vous affranchira. »

Par conséquent, nous comprenons que pour s'affranchir (de toutes conditions malheureuses), il faut la connaissance – la connaissance de la loi spirituelle.

L'obéissance précède l'autorité et la loi nous obéit quand nous obéissons à la loi. Nous devons d'abord obéir à la loi de l'électricité avant de pouvoir la mettre à notre service. Par ailleurs, employée sans discernement, l'électricité devient l'ennemie mortelle de l'homme. Le même principe s'applique aux lois de l'Esprit !

Une femme dotée d'une forte volonté souhaitait posséder la maison d'une de ses connaissances et se voyait souvent y vivre en imagination. Au bout d'un certain temps, le propriétaire est décédé et elle a emménagé dans ladite maison. Plusieurs années après, ayant appris à connaître la loi spirituelle, elle m'a demandé : « Pensez-vous que j'ai quelque chose à voir dans la mort de cet homme ? » J'ai répondu : « Oui, votre désir était si fort que tout s'est écarté sur son chemin, mais vous avez payé votre dette karmique. Votre conjoint, que vous aimiez éperdument, est mort peu après et la maison a été un éléphant blanc sur vos épaules durant des années. »

Le propriétaire de la maison aurait pu ne pas être affecté par les pensées de la femme s'il avait été convaincu de la vérité, tout comme le conjoint de celle-ci d'ailleurs, mais les deux hommes étaient sous le coup de la loi karmique.

La femme aurait dû dire (en ressentant ce grand désir pour la maison) : « Intelligence infinie, donne-moi la maison qui me convient, tout aussi charmante que celle-ci, celle qui me revient par droit divin. »

Outre qu'il aurait été parfaitement satisfaisant, le choix divin aurait servi le bien de tous. Le modèle divin est le seul modèle fiable avec lequel il convient de travailler.

Le désir est une force redoutable qu'il faut canaliser dans les bonnes voies, sinon le chaos s'installe.

Pour obtenir une démonstration, la première étape est la plus importante, c'est-à-dire « demander correctement ».

En tout temps, nous ne devrions demander que ce qui nous appartient par droit divin.

Pour reprendre l'exemple précédent, le propriétaire de la maison aurait peut-être décidé de déménager de lui-même, de façon harmonieuse (si la maison avait été le choix de Dieu pour la femme), ou une autre maison aurait été substituée à la première si cette dernière avait adopté une autre attitude en disant : « Si cette maison que je désire est à moi, je ne peux pas la perdre ; dans le cas contraire, donne-moi son équivalent ». Tout ce dont on force la manifestation à l'aide de sa volonté personnelle est toujours « mal acquis » et par conséquent, voué à l'échec.

Nous avons reçu l'injonction suivante : « Que Ma volonté soit faite et non la tienne. » Curieusement, nous obtenons toujours exactement ce que nous désirons quand nous renonçons à notre volonté personnelle et que nous permettons à l'Intelligence infinie de travailler à travers nous.

« Restez en place, et regardez la délivrance que l'Éternel [loi] va vous accorder. »

Ainsi, une femme est venue me consulter en proie à une grande détresse. Sa fille avait décidé d'entreprendre un voyage très dangereux, ce qui la jetait dans une grande frayeur.

Elle m'a confié qu'elle avait utilisé tous les arguments possibles, souligné les dangers qui risquaient de se produire et même défendu à sa fille de partir, mais que celle-ci n'en était devenue que plus rebelle et déterminée. J'ai dit : « Vous imposez votre volonté personnelle à votre fille, ce que vous n'avez pas le droit de faire, et la peur que vous avez de ce voyage ne fait qu'attirer le danger, parce que nous attirons ce que nous craignons. Lâchez prise et renoncez à votre emprise mentale sur le projet. Remettez-le entre les mains de Dieu et répétez cette affirmation : "Je remets cette situation entre les mains de l'Amour et de la Sagesse infinis ; si ce voyage fait partie du plan divin, je le bénis et je ne m'y oppose plus. Dans le cas contraire, je remercie du fait qu'il est maintenant annulé et oublié." » Un jour ou deux après notre rencontre, la fille a annoncé à sa mère qu'elle avait renoncé à son voyage et la situation est retournée au « néant originel ».

Nous semblons avoir beaucoup de difficultés à apprendre à « rester en place ». J'ai d'ailleurs parlé de cette loi plus en détail dans le chapitre sur la non-résistance.

Je donnerai un autre exemple de semailles et de moissons réalisées de façon très curieuse.

Une femme est venue me consulter parce qu'on lui avait remis un faux billet de vingt dollars à la banque. Elle était très agitée car, selon elle, « les gens à la banque ne reconnaîtront jamais leur erreur ».

J'ai répondu : « Analysons d'abord la situation pour savoir pourquoi vous l'avez attirée. » Elle a réfléchi quelques instants avant de s'écrier : « Je sais ! J'ai envoyé de la fausse monnaie à un ami pour lui faire une blague. » La loi lui avait donc envoyé de la fausse monnaie, parce qu'elle n'entend rien aux blagues.

J'ai dit : « Nous allons maintenant invoquer la loi du pardon pour neutraliser la situation. »

Le christianisme a été fondé sur la loi du pardon : le Christ nous a sauvé de la malédiction de la loi karmique et le Christ en chacun de nous est notre Rédempteur et notre Salut,

Celui qui nous sauve de toutes les conditions inharmonieuses.

J'ai donc formulé ma demande ainsi : « Esprit infini, nous invoquons la loi du pardon et nous remercions du fait que ma cliente est sous le coup de la grâce et non de la loi, et qu'elle ne peut pas perdre ces vingt dollars qui lui appartiennent par droit divin. »

J'ai ajouté : « À présent, retournez à la banque et expliquez sans avoir peur que le billet vous a été remis par erreur. »

Elle a obéi et à sa grande surprise, non seulement on lui a fait des excuses avant de changer le billet, mais on l'a traitée avec une grande courtoisie.

Par conséquent, la connaissance de la loi donne à chacun le pouvoir « d'effacer ses erreurs ». On ne peut obliger le monde extérieur à être ce qu'on n'est pas soi-même.

Celui qui désire la fortune doit d'abord être riche en conscience.

Ainsi, une femme est venue me demander un traitement pour assurer sa prospérité. Elle ne s'occupait pas tellement des affaires de son ménage et le désordre régnait en maître dans son intérieur.

Je lui ai dit : « Pour devenir riche, vous devez d'abord être ordonnée. Tous les hommes très fortunés sont ordonnés : l'ordre est la première loi au paradis. Vous ne deviendrez jamais riche en laissant votre ménage aller à vau-l'eau. »

Dotée d'un bon sens de l'humour, elle s'est lancée sur-le-champ dans la remise en ordre de son intérieur. Elle a disposé l'ameublement autrement, rangé les tiroirs de sa commode, nettoyé les tapis et a pu bientôt faire une importante démonstration financière, en recevant un cadeau d'un proche parent. Elle a également mis de l'ordre en elle-même et reste aujourd'hui au fait de ses affaires financières, en gardant l'œil ouvert et en s'attendant à la prospérité, puisque Dieu est sa richesse.

Beaucoup de gens ne savent pas que les cadeaux et les biens sont des investissements et que l'économie et la thésaurisation conduisent invariablement à la ruine.

« Tel, qui donne libéralement, devient plus riche ; et tel, qui épargne à l'excès, ne fait que s'appauvrir. »

J'ai connu un homme qui voulait s'acheter une pelisse. Il avait visité divers magasins en compagnie de sa femme sans trouver ce qu'il cherchait. Selon lui, toutes les pelisses avaient l'air miteuses. Finalement, un vendeur lui en a montré une en lui disant qu'elle valait mille dollars, mais que le gérant la soldait à moitié prix puisque la saison achevait.

L'homme possédait environ sept cents dollars. La raison disait qu'il ne pouvait pas se permettre de dépenser presque tout son argent sur un manteau, mais c'était un homme très intuitif qui ne raisonnait jamais.

Il s'est tourné vers sa femme en disant : « Avec cette pelisse, je vais faire des tonnes d'argent ! » Elle a donc consenti à l'achat, sans grand enthousiasme.

Un mois plus tard, l'homme a reçu une commission de dix mille dollars. La pelisse lui donnait un tel sentiment d'opulence qu'elle l'associait au succès et à la prospérité ; il n'aurait pas reçu la commission sans elle. Voilà un investissement qui a rapporté gros !

En repoussant les incitations à dépenser ou à donner, on perdra la même somme sans rien recevoir en retour ou pour son malheur.

Ainsi, une femme m'a raconté qu'elle avait annoncé à sa famille qu'elle ne pourrait pas offrir le traditionnel repas de *Thanksgiving*, faute de moyens. Elle avait l'argent, mais avait décidé de l'économiser.

Quelques jours plus tard, quelqu'un est entré dans sa chambre et a volé dans un tiroir de sa commode le montant exact du repas.

La loi soutient toujours celui qui dépense sans crainte et avec sagesse.

Un jour, une de mes étudiantes faisait des courses avec son neveu. L'enfant réclamait un jouet, mais elle a répondu qu'elle n'avait pas les moyens de le lui offrir.

Elle a brusquement pris conscience qu'elle cherchait la pénurie et ne reconnaissait pas Dieu comme étant sa richesse !

Elle a donc acheté le jouet et, en rentrant à la maison, a trouvé dans la rue le montant exact qu'elle venait de débourser.

La fortune de l'homme est inépuisable et infaillible quand il a pleine confiance en elle, mais la foi, c'est-à-dire la confiance, doit précéder la démonstration. « Qu'il vous soit fait selon votre foi. » « Or la foi est une ferme assurance des choses qu'on espère, une démonstration de celles qu'on ne voit pas. » En effet, la foi maintient fermement la vision, désagrège et dissipe les images négatives et « nous moissonnerons au temps convenable, si nous ne nous relâchons pas ».

Jésus-Christ a répandu la bonne nouvelle (l'Évangile) en enseignant qu'il existe une loi supérieure à la loi du karma et qui la transcende. C'est la loi de la grâce ou du pardon. Cette loi nous affranchit de la loi de cause à effet, c'est-à-dire de la loi des conséquences. « Par la grâce et non par la loi. »

Nous comprenons ainsi que dans cette dimension, nous récoltons où nous n'avons pas semé ; les dons de Dieu nous sont simplement offerts en abondance. « Tout ce que possède le Royaume lui appartient. » Cet état permanent de béatitude attend celui qui a dépassé la pensée de l'espèce (ou du monde temporel).

La pensée du monde matériel est source de tribulations, mais Jésus-Christ a dit : « Prenez courage, j'ai vaincu le monde. »

La pensée du monde matériel est une pensée de péché, de maladie et de mort. Jésus a vu leur irréalité absolue et affirmé que la maladie et le chagrin passeraient et que la mort elle-même, notre dernière ennemie, serait vaincue.

Nous savons aujourd'hui grâce à la science qu'on pourrait vaincre la mort en gravant dans le subconscient la conviction de la jeunesse et de la vie éternelle.

Le subconscient, qui n'est qu'une force sans direction, exécute les ordres sans poser de question.

Nous pourrions accomplir la « résurrection du corps » en travaillant sous la direction de la supraconscience (Christ ou Dieu en soi).

Nous n'aurions plus à rejeter notre corps dans la mort : il serait transformé en « corps électrique », tel que chanté par Walt Whitman, puisque le christianisme est fondé sur le pardon des péchés et « un sépulcre vide ».

SE LIBÉRER DU FARDEAU

Programmation du subconscient

Une fois qu'on connaît ses pouvoirs et le fonctionnement de son esprit, on désire ardemment découvrir un moyen facile et rapide de graver le bien dans son subconscient, car une simple connaissance intellectuelle de la Vérité ne donnera pas de résultats.

J'ai constaté personnellement que le moyen le plus facile consistait à « me libérer du fardeau ».

Un métaphysicien m'a expliqué le phénomène ainsi : « La loi de la gravitation est la seule chose qui donne du poids à tout ce qui se trouve dans la nature ; si l'on pouvait soulever un rocher très haut au-dessus de la planète, il ne pèserait plus rien. C'est ce que Jésus-Christ voulait dire par ses paroles : "Car mon joug est doux, et mon fardeau léger." »

Ayant vaincu la vibration du monde, il évoluait dans la sphère de la quatrième dimension, où il n'y a que perfection, complétude, vie et joie.

Il a dit : « Venez à moi, vous tous qui êtes fatigués et chargés, et je vous donnerai du repos. » « Prenez mon joug sur vous [...], car mon joug est doux, et mon fardeau léger. » « Remets ton sort à l'Éternel », nous dit le cinquante-cinquième psaume. Plusieurs passages de la Bible affirment que le combat appartient à Dieu et non à l'homme et que celui-ci doit toujours « rester en place » et regarder la délivrance du Seigneur.

Cela indique bien que notre supraconscience (ou Christ intérieur) est chargée de nos combats et que c'est elle qui nous soulage de nos fardeaux.

Nous pouvons donc conclure que nous violons la loi en endurant un fardeau, et toute pensée ou condition défavorable qui vient du subconscient est un fardeau.

Il semble presque impossible de progresser en dirigeant le subconscient à partir du conscient ou de la raison, car l'esprit analytique (l'intellect) est limité dans ses conceptions et grouille de doutes et de peurs.

Il est donc très scientifique de remettre le fardeau à la supraconscience (ou Christ intérieur) qui le « transforme en lumière » ou le retourne au « néant originel ».

Ainsi, une femme qui avait un urgent besoin d'argent « l'a transformé en lumière » en le confiant à son Christ intérieur, sa supraconscience, grâce à la phrase suivante : « Je remets ce fardeau de pénurie à mon Christ intérieur et je m'ouvre en toute liberté à l'abondance ! »

Croire à la pénurie était son fardeau ; en le remettant à sa supraconscience qui a foi en l'abondance, elle a été comblée d'une avalanche de richesses.

Nous lisons ceci : « Christ en vous, l'espérance de la gloire. »

Voici un autre exemple : une de mes étudiantes avait reçu un nouveau piano en cadeau, mais comme elle n'avait pas de place pour deux pianos dans son studio, il lui faudrait attendre d'avoir déménagé l'ancien avant de prendre le nouveau. Elle était perplexe. Elle voulait garder son vieux piano, mais ne savait pas où l'envoyer. Elle commençait à se sentir déses-pérée, parce que le nouveau piano devait lui être livré dans la journée ; en fait, sa livraison était imminente et elle n'avait pas d'endroit où le mettre. Elle m'a confié qu'elle a eu l'idée de répéter : « Je remets ce fardeau à mon Christ intérieur et j'avance en toute liberté. »

Quelques minutes plus tard, la sonnerie du téléphone a retenti : c'était une amie qui l'appelait pour lui demander de lui louer son vieux piano. L'affaire a été conclue sur-le-champ et le vieux piano déménagé quelques minutes avant l'arrivée du nouveau.

J'ai connu une femme dont le fardeau était le ressentiment. Elle a affirmé : « Je remets ce fardeau de ressentiment à mon Christ intérieur et j'avance en toute liberté dans l'amour, l'harmonie et le bonheur. » La supraconscience toute-puissante a inondé son subconscient d'amour et sa vie en a été transformée du tout au tout. Durant des années, le ressentiment l'avait maintenue dans le tourment et avait emprisonné son âme (son subconscient).

Il faut répéter ces affirmations sans relâche, parfois durant des heures, en silence ou à voix haute, d'un ton tranquille mais déterminé.

Je compare souvent l'exercice au fait de remonter un gramophone. Nous devons nous « remonter » par la parole.

J'ai remarqué que peu après qu'on s'est libéré de son fardeau, la vision s'éclaire. On ne peut pas avoir une vision claire quand on est prisonnier des griffes de l'esprit charnel. Les doutes et la peur empoisonnent le corps et l'esprit, et l'imagination se déchaîne, attirant désastres et maladies.

La répétition régulière de l'affirmation « Je remets ce fardeau à mon Christ intérieur et j'avance en toute liberté » clarifie la vision et procure un sentiment de soulagement. Tôt ou tard survient la manifestation du bien, que ce soit la santé, le bonheur ou la richesse.

Un jour, un de mes étudiants m'a demandé de lui expliquer le sens de l'expression « la noirceur avant l'aube ». J'ai mentionné dans un chapitre précédent que souvent « tout semble aller mal » avant une grande démonstration et qu'une profonde dépression obscurcit le conscient. Cela indique que des doutes et des peurs ancestrales montent du subconscient. Ces vieux vestiges émergent à la surface pour qu'on les élimine.

C'est à ce moment qu'on devrait faire résonner ses cymbales tel Josaphat et remercier d'avoir été sauvé, même si en apparence on est entouré d'ennemis (la situation de pénurie ou de maladie). L'étudiant a poursuivi : « Combien de temps doit-on rester dans le noir ? » J'ai répondu : « Jusqu'à ce qu'on puisse voir dans le noir, et j'ai ajouté : se libérer du fardeau permet de voir dans le noir. »

Pour programmer le subconscient, une foi proactive est indispensable.

« La foi sans les œuvres est inutile. » Voilà l'idée que j'ai entrepris de souligner dans ces chapitres.

Jésus-Christ a fait preuve d'une foi proactive lorsqu'Il a « commandé à la multitude de s'asseoir sur le sol », avant de rendre grâce pour les pains et les poissons.

Je citerai un autre exemple pour démontrer la nécessité de cette étape. En fait, la foi proactive crée le pont grâce auquel chacun peut pénétrer dans sa Terre promise.

Une femme était séparée de son mari à cause d'un malentendu. Elle l'aimait profondément, mais il repoussait ses tentatives de réconciliation et avait coupé toute communication.

Ayant appris à connaître la loi spirituelle, elle a nié cette séparation apparente. Elle a prononcé cette affirmation : « Il n'y a pas de séparation dans l'Esprit divin ; par conséquent, je ne peux pas être séparée de l'amour et de la compagnie qui m'appartiennent par droit divin. »

Elle a fait preuve d'une foi proactive en continuant de dresser le couvert de son mari à table comme à tous les jours, gravant ainsi dans son subconscient l'image de son retour. Elle n'a jamais renoncé même après plus d'un an et, un jour, il est rentré.

On programme souvent le subconscient à l'aide de la musique. En effet, elle possède une qualité de la quatrième dimension et libère l'âme de son emprisonnement. Elle donne l'impression que les miracles sont possibles et faciles à matérialiser !

J'ai une amie qui écoute de la musique tous

les jours dans ce dessein. La musique lui inspire une harmonie parfaite et libère son imagination.

Une autre de mes connaissances danse souvent en répétant ses affirmations. Le rythme et l'harmonie de la musique, conjugués au mouvement, donnent une puissance formidable à ses paroles.

L'étudiant doit aussi se souvenir de ne pas mépriser les « jours de petits événements ».

On reçoit invariablement « des signes de terre » avant une démonstration.

Avant d'atteindre l'Amérique, Colomb a vu des oiseaux et des brindilles, ce qui lui a fait comprendre que la terre ferme était proche. Il en va ainsi de la démonstration, mais l'étudiant confond souvent les signes de terre avec la démonstration et vit une déception.

Ainsi, une femme avait « formulé une demande » pour obtenir un service de vaisselle. Peu après, une amie lui a donné un vieux plat craquelé.

Elle est venue me voir en disant : « J'ai demandé un service de vaisselle et tout ce que j'ai obtenu, c'est un plat craquelé. »

J'ai répondu : « Ce n'était qu'un signe de terre. Le plat vous indique que votre service est en route, vous pouvez le comparer aux brindilles et aux algues. » En effet, le service de vaisselle est arrivé peu après.

« Faire semblant » continuellement programme le subconscient. Celui qui fait semblant d'être riche et d'avoir du succès « récoltera en temps voulu ».

Les enfants jouent constamment à « faire semblant » et « si vous ne vous convertissez et si vous ne devenez comme les petits enfants, vous n'entrerez pas dans le royaume des cieux ».

Par exemple, j'ai connu une femme qui vivait dans l'indigence, mais à qui personne ne pouvait imposer le sentiment d'être pauvre. Elle gagnait quelque argent en travaillant pour des amis fortunés qui lui rappelaient constamment sa pauvreté et l'enjoignaient de faire preuve de prudence et d'économie. En dépit de leurs conseils, elle dépensait tout son salaire sur un chapeau ou s'en servait pour offrir un cadeau, ce qui la remplissait de joie. Ses pensées étaient toujours tournées vers les beaux vêtements, les accessoires et les bijoux, sans jamais envier les autres.

Elle vivait dans le monde du merveilleux et seules les richesses avaient de la réalité à ses yeux. Avant longtemps, elle a épousé un homme fortuné et les bijoux et les accessoires se sont matérialisés. Je ne sais pas si son mari était le « choix de Dieu » pour elle, mais l'opulence devait forcément se manifester dans sa vie, puisque c'était tout ce qu'elle imaginait.

La paix et le bonheur nous éludent tant que nous n'avons pas effacé toute crainte de notre subconscient.

La peur est une énergie mal dirigée ; il faut la réorienter ou la transmuter en foi.

Jésus-Christ a dit : « Pourquoi avez-vous peur, gens de peu de foi ? » « Tout est possible à celui qui croit. »

Mes étudiants me demandent souvent comment faire pour chasser la peur.

Je leur réponds : « En faisant face à ce qui vous effraie. »

« Le lion tire sa férocité de votre effroi. »

Affrontez le lion et il disparaîtra ; enfuyez-vous et il se lancera à vos trousses.

J'ai montré dans les chapitres précédents comment le lion de la pénurie disparaît quand l'individu dépense son argent sans crainte, prouvant ainsi qu'il croit que Dieu est sa richesse et donc, infaillible.

Plusieurs de mes étudiants se sont libérés des chaînes de la pauvreté et sont aujourd'hui abondamment pourvus, parce qu'ils n'ont plus peur de laisser circuler l'argent. La vérité que Dieu est à la fois le donateur et le don est gravée dans leur subconscient ; par conséquent, comme ils ne font qu'un avec le donateur, ils ne font qu'un avec le don. Voici une affirmation splendide : « Je remercie Dieu le donateur pour Dieu le don. »

Nous sommes séparés depuis si longtemps de notre bien et de notre richesse par des pensées de séparation et de pénurie qu'il faut parfois de la dynamite pour déloger ces idées erronées, gravées dans notre subconscient, et la dynamite prend souvent la forme d'une situation marquante.

Nous constatons à la lumière de l'exemple précédent que mes étudiants ont été libérés de leurs chaînes en se montrant sans peur.

Chacun devrait s'observer régulièrement pour déterminer ce qui, de la peur ou de la foi, le pousse à l'action. « Choisissez aujourd'hui qui vous voulez servir », la peur ou la foi.

Vous craignez peut-être certains types de personnalités. Ne les évitez pas dans ce cas ; soyez disposé à les accueillir chaleureusement et ils deviendront « des maillons d'or dans la chaîne de votre bien » ou ils disparaîtront de votre vie sans faire de vagues.

Vous craignez peut-être la maladie ou les microbes. Dans ce cas, vous devriez vous montrer sans peur et imperturbable dans les situations où les microbes prolifèrent, afin d'assurer votre immunité.

On attrape un microbe seulement quand on a le même taux vibratoire que lui ; or, la peur abaisse nos vibrations au niveau de celles du microbe. Bien entendu, le microbe porteur de maladie est un produit de l'esprit charnel, puisque toutes les pensées doivent nécessairement s'objectiver. Comme les microbes n'existent pas dans la supraconscience, c'est-à-dire l'Esprit divin, ils sont le produit de nos « vaines imaginations ».

Notre libération se fera en un clin d'œil le jour où nous comprendrons que le mal n'a aucun pouvoir.

Le monde temporel disparaîtra et l'univers de la quatrième dimension, le « Monde du merveilleux », deviendra manifeste.

« Puis je vis un nouveau ciel et une nouvelle terre [...] et la mort ne sera plus, et il n'y aura plus ni deuil, ni cri, ni douleur, car les premières choses ont disparu. »

L'AMOUR

Tous les individus de cette planète vivent leur initiation à l'amour. « Je vous donne un commandement nouveau : Aimez-vous les uns les autres. » Dans son ouvrage intitulé *Tertium Organum*, Ouspensky affirme que « l'amour est un phénomène cosmique » qui ouvre l'homme au monde de la quatrième dimension, le « Monde du merveilleux ».

Le véritable amour est altruiste et ne craint rien. Il se déverse sur l'objet de son affection sans rien demander en retour. Son bonheur est dans la joie de donner. L'amour est Dieu manifeste ; c'est la force magnétique la plus puissante de l'univers. L'amour pur et altruiste attire à lui ce qui lui appartient ; il n'a pas besoin de chercher ou de demander. Personne ou presque ne comprend ce qu'est le véritable amour. L'être humain est égoïste, tyrannique ou craintif dans ses affections, ce qui entraîne la perte de ce qu'il aime. La jalousie est le pire ennemi de l'amour car l'imagination se déchaîne et se représente l'être aimé attiré par un autre. Or, ces craintes se concrétisent invariablement si elles ne sont pas neutralisées.

Ainsi, j'ai reçu une femme en proie à une grande détresse. L'homme qu'elle aimait l'avait quittée pour d'autres conquêtes, en lui disant qu'il n'avait jamais eu l'intention de l'épouser. Déchirée par la jalousie et le ressentiment, elle a déclaré qu'elle souhaitait qu'il souffre autant qu'il l'avait fait souffrir, ajoutant : « Comment a-t-il pu me quitter alors que je l'aime tant ? »

J'ai répondu : « Vous n'aimez pas cet homme, vous le détestez. Vous ne pouvez pas recevoir ce que vous n'avez jamais donné. Offrez un amour parfait et vous recevrez un amour parfait. Perfectionnez-vous grâce à cet homme. Donnez-lui un amour parfait, altruiste, qui n'exige rien en retour, qui ne le condamne pas, ne le critique pas, et bénissez-le où qu'il soit. »

Elle a rétorqué : « Non. Je ne le bénirai pas à moins de savoir où il est ! »

J'ai repris : « Ce n'est pas de l'amour véritable. Quand vous enverrez de l'amour véritable, l'amour véritable vous reviendra, soit de la part de cet homme ou de son équivalent, car s'il n'est pas le choix divin pour vous, vous n'en voulez pas. Et comme vous ne faites qu'un avec Dieu, vous ne faites qu'un avec l'amour qui vous appartient par droit divin. »

Plusieurs mois ont passé et les choses sont restées à peu près en l'état, sauf que la jeune femme travaillait consciencieusement sur elle-même. Je lui ai dit : « Lorsque vous ne serez plus troublée par sa cruauté, il cessera d'être cruel, puisque vous attirez cette réaction par vos émotions. »

Je lui ai ensuite parlé d'une fraternité en Inde dont les membres ne se saluaient jamais en disant bonjour. Ils employaient plutôt les mots : « Je salue la divinité en toi. » Ils saluaient la divinité en chaque être, et même dans les animaux sauvages de la jungle. Il ne leur arrivait jamais aucun mal, puisqu'ils ne voyaient que Dieu dans toutes les créatures vivantes. J'ai ajouté : « Saluez la divinité en cet homme et affirmez ceci : "Je vois seulement ton être divin. Je te vois tel que Dieu te voit, parfait, à Son image et à Sa ressemblance." »

Elle a constaté qu'elle devenait plus calme et que son ressentiment s'effaçait graduellement.

L'homme qu'elle aimait était capitaine et elle le surnommait toujours « le Cap ». Un jour, elle s'est écriée spontanément : « Que Dieu bénisse le Cap, où qu'il soit ! »

Je lui ai dit : « Voilà le véritable amour et lorsque vous aurez "bouclé la boucle" en vous-même et que la situation ne vous troublera plus, son amour vous reviendra, sinon vous attirerez son équivalent. »

Comme je déménageais durant cette période, je n'avais pas le téléphone et je n'ai donc pas eu de nouvelles d'elle durant quelques semaines. Un matin, toutefois, j'ai reçu une lettre m'annonçant leur mariage.

Je lui ai téléphoné dès que j'ai pu. Mes premiers mots ont été : « Que s'est-il passé ? »

Elle s'est écriée : « Oh, un miracle ! Un jour, je me suis réveillée et toute ma souffrance avait disparu. J'ai vu le Cap le soir même et il m'a demandé de l'épouser. Notre mariage a eu lieu moins d'une semaine plus tard et je n'ai jamais vu un homme plus épris. »

Un vieux dicton affirme que « personne n'est ton ennemi, personne n'est ton ami, mais chacun est ton maître ».

Par conséquent, nous devrions aspirer à l'impersonnalité et apprendre ce que chacun de nos semblables a à nous enseigner. De cette manière, nous aurions tôt fait d'apprendre nos leçons et nous serions libres.

Le capitaine enseignait l'amour altruiste à celle qui l'aimait : c'est ce que chacun doit apprendre, tôt ou tard.

La souffrance n'est pas nécessaire à notre développement ; elle résulte de la violation de la loi spirituelle, mais peu d'individus sont capables de sortir du « sommeil de leur âme » sans elle. Lorsqu'on est heureux, on devient d'ordinaire égoïste, ce qui met systématiquement en mouvement la loi du karma. On subit souvent des pertes parce qu'on manque de gratitude.

J'ai connu une femme qui avait un mari charmant, mais qui disait souvent : « Le mariage ne me fait ni chaud ni froid, mais cela n'a rien à voir avec mon mari. La vie conjugale ne m'intéresse tout simplement pas. »

Elle avait d'autres intérêts et se rappelait à peine qu'elle était mariée. En fait, elle s'en souvenait lorsqu'elle croisait son mari. Un jour, celui-ci lui a annoncé qu'il était amoureux d'une autre et l'a quittée. Elle est venue me voir, chagrine et pleine de ressentiment.

Je lui ai dit : « Il arrive exactement ce que vous avez déclaré en paroles. Vous avez dit que la vie conjugale ne vous intéressait pas ; par conséquent, votre subconscient a fait en sorte que vous ne soyez plus mariée.

Elle a répondu : « Ah, je vois. On obtient ce qu'on désire et ensuite on se sent lésé. »

Elle a bientôt accueilli la situation avec équanimité, comprenant qu'ils étaient l'un et l'autre beaucoup plus heureux ainsi.

Quand une femme tombe dans l'indifférence ou la critique et cesse d'inspirer son conjoint, celui-ci devient agité et malheureux, car la stimulation des débuts de leur relation lui manque.

Un homme pauvre, misérable et malheureux est venu me consulter. Sa femme qui s'intéressait à la « science des nombres » avait fait établir sa numérologie. Apparemment, son thème n'était pas très favorable puisqu'il me dit : « Ma femme prétend que je n'arriverai jamais à rien parce que je suis un "deux". »

J'ai répondu : « Votre nombre m'importe peu, vous êtes une idée parfaite dans l'Esprit divin et nous allons demander le succès et la prospérité qui sont déjà prévus pour vous par l'Intelligence infinie. »

En quelques semaines, il a décroché une position très avantageuse et s'est taillé en un an ou deux une brillante réputation d'écrivain. Personne ne réussit en affaires à moins d'aimer son travail. Le tableau que le peintre peint par amour (de son art) est sa plus grande œuvre. Il ne faut jamais se contenter de « joindre les deux bouts ».

Personne ne peut attirer l'argent s'il le méprise. Beaucoup de gens restent pauvres en disant que l'argent ne leur est rien et qu'ils méprisent ceux qui en ont.

Voilà pourquoi tant d'artistes sont pauvres. Leur mépris pour l'argent les sépare de leur fortune.

Je me souviens d'avoir entendu un artiste dire d'un confrère : « Il ne vaut rien comme artiste, il a de l'argent. »

Cette attitude mentale sépare évidemment l'être de sa fortune, puisqu'il doit être en harmonie avec une chose pour l'attirer.

L'argent est Dieu rendu manifeste, il affranchit du manque et des restrictions, mais il faut le garder en circulation et toujours l'utiliser à bon escient. La thésaurisation et l'économie entraînent des répercussions malheureuses.

Cela ne signifie pas que nous ne devrions pas posséder de maisons, de terres, d'actions et d'obligations, puisque « les greniers du juste seront remplis ». Cela signifie plutôt que nous ne devrions pas thésauriser, même le capital, dans une situation où l'argent devient nécessaire. En laissant sortir l'argent sans crainte et dans la joie, nous faisons en sorte qu'il en arrive davantage, puisque Dieu est notre richesse inépuisable et infaillible.

Voilà l'attitude spirituelle qu'il faut avoir face à l'argent. La grande banque de l'Univers ne fait jamais faillite !

Le film intitulé *Greed* (cupidité) illustre bien les méfaits de la thésaurisation. Une femme gagne cinq mille dollars à la loterie, mais refuse d'en dépenser un cent. Elle accumule et économise, laisse son mari souffrir et mourir de faim, et finit par récurer les planchers pour vivre.

Elle aime l'argent pour lui-même et le place

au-dessus de tout. Une nuit, elle est assassinée et son meurtrier lui vole sa fortune.

Voilà un exemple de « l'amour de l'argent, racine de tous les maux ». En soi, l'argent est bon et bénéfique, mais utilisé à des fins destructrices, thésaurisé et économisé, ou placé au-dessus de l'amour, il entraîne la maladie et le désastre, ainsi que la ruine financière.

Suivez la voie de l'amour et tout est multiplié, puisque Dieu est amour et qu'Il est votre richesse. Suivez le chemin de l'égoïsme et de la cupidité et votre fortune disparaît ou vous en êtes séparé.

Ainsi, j'ai entendu parler d'une femme très fortunée qui ne faisait que thésauriser. Elle ne donnait presque jamais, mais s'achetait continuellement des choses.

Elle aimait beaucoup les colliers. À une amie qui lui avait demandé un jour combien elle en possédait, elle avait répondu : « Soixante-sept. » Une fois qu'elle les avait achetés, elle les rangeait, soigneusement enveloppés dans du papier de soie. L'achat des colliers aurait été légitime si elle les avait portés, mais elle violait « la loi de l'utilisation ». Ses placards étaient remplis de vêtements qu'elle ne portait jamais et ses tiroirs, de bijoux qui ne voyaient jamais la lumière du jour.

La paralysie a graduellement envahi les bras

de cette femme qui s'accrochait aux biens matériels et finalement on a jugé qu'elle ne pouvait plus s'occuper de ses affaires et confié la gestion de sa fortune à d'autres.

C'est ainsi que dans notre ignorance des lois, nous précipitons notre propre destruction.

Toute maladie, tout malheur, vient de la violation de la loi de l'amour. Les boomerangs de la haine, du ressentiment et de la critique, reviennent chargés de maux et de chagrin à celui qui les a lancés. L'amour semble un art presque oublié mais celui qui connaît la loi spirituelle comprend qu'il doit le redécouvrir, car sans lui il n'est qu'« un airain qui résonne ou une cymbale qui retentit ».

Ainsi, une étudiante venait me voir depuis des mois pour purifier sa conscience du ressentiment. Après un certain temps, elle en était arrivée au stade où elle n'en éprouvait plus qu'envers une seule personne, mais cette femme la faisait beaucoup travailler. Petit à petit, elle a retrouvé son équilibre et son harmonie, si bien qu'un jour, tout son ressentiment avait disparu.

En arrivant chez moi, elle s'est exclamée, radieuse : « Vous ne pouvez pas savoir comment je me sens ! La femme m'a fait une remarque désagréable et au lieu de me mettre en colère, j'ai été aimante et gentille, ce qui fait qu'elle s'est excusée et s'est montrée tout à fait charmante par la suite.

« Personne ne peut comprendre à quel point je me sens légère en dedans ! »

L'amour et la bonne volonté sont sans prix en affaires.

J'ai reçu une femme qui se plaignait de sa patronne ; convaincue que celle-ci ne voulait pas d'elle à ce poste, elle affirmait par ailleurs qu'elle était froide et critique.

« Eh bien, saluez la divinité en elle et envoyez-lui de l'amour », lui ai-je conseillé.

« Je ne peux pas, a-t-elle répondu, elle a un cœur de pierre. »

J'ai repris : « Vous rappelez-vous l'histoire de ce sculpteur qui avait exigé un certain bloc de marbre ? Lorsqu'on lui a demandé pourquoi, il a répondu que c'était parce qu'il y avait un ange à l'intérieur, et il a créé une merveilleuse œuvre d'art à partir de ce bloc. »

Elle a soupiré : « Très bien, j'essaierai. » Une semaine plus tard, elle est revenue me voir pour me dire : « J'ai fait ce que vous m'avez dit et ma patronne est devenue très gentille et m'a même amenée en balade dans sa voiture. »

Certaines personnes sont parfois remplies de remords parce qu'elles ont fait du mal à quelqu'un, peut-être des années auparavant.

Si on ne peut réparer ses torts, on peut

néanmoins neutraliser leurs effets en ayant un geste de bonté envers quelqu'un au présent.

« Je fais une chose : oubliant ce qui est en arrière et me portant vers ce qui est en avant. »

Le chagrin, le regret et le remords détruisent les cellules de l'organisme et empoisonnent l'aura.

Une femme profondément chagrine m'a dit: « Traitez-moi afin que je sois heureuse et gaie, parce que mon chagrin me rend tellement irritable avec les membres de ma famille que je continue d'ajouter à mon karma. »

On m'a demandé de traiter une femme qui pleurait sa fille décédée. J'ai nié toute croyance dans le deuil et la séparation et affirmé que Dieu était la joie, l'amour et la paix de cette femme.

Elle a retrouvé son équilibre sur-le-champ, mais m'a fait dire par son fils de cesser les traitements, car elle était « tellement heureuse que ce n'était pas respectable ».

Comme on le voit, « l'esprit mortel » aime s'accrocher à ses chagrins et à ses regrets.

J'ai connu une femme qui se vantait constamment de ses difficultés ; bien entendu, elle avait toujours de quoi alimenter sa conversation.

Selon une idée obsolète, la femme qui ne s'inquiète pas pour ses enfants n'est pas une bonne mère.

Nous savons maintenant que les peurs maternelles sont responsables de plusieurs des maladies et des accidents qui arrivent aux enfants.

En effet, la peur avive la vision de la maladie ou de la situation redoutée et à moins de les neutraliser, ces images finissent par se matérialiser.

Heureuse est la mère qui peut dire en toute sincérité qu'elle remet son enfant entre les mains de Dieu et qu'elle sait qu'ainsi, il est divinement protégé.

Par exemple, une femme s'est réveillée en sursaut une nuit, avec le sentiment que son frère était en danger. Plutôt que de céder à la peur, elle s'est mise à répéter des affirmations de Vérité, disant : « L'homme est une idée parfaite de l'Esprit divin et il est toujours à la bonne place ; par conséquent, mon frère est au bon endroit et il est divinement protégé. »

Le lendemain, elle a appris que son frère s'était trouvé très près du site d'une explosion dans une mine, mais qu'il avait miraculeusement survécu.

C'est ainsi que l'homme est le gardien de son frère (en pensée) et que chacun devrait savoir que ce qu'il aime « demeure sous l'abri du Très-Haut et repose à l'ombre du Tout-Puissant. »

« Aucun malheur ne t'arrivera, aucun fléau n'approchera de ta tente. »

« L'amour parfait bannit la crainte [...] et celui qui craint n'est pas parfait dans l'amour. »
« L'amour est l'accomplissement de la loi. »

L'INTUITION

« *Reconnais-le dans toutes tes voies,*
et il aplanira tes sentiers. »

Aucun accomplissement n'est trop grand pour celui qui connaît le pouvoir de sa parole et qui suit son intuition. Grâce à sa parole, il met en action des forces invisibles et peut guérir son corps et transformer ses affaires.

Par conséquent, le choix des bons termes est crucial et l'étudiant choisit avec soin l'affirmation qu'il souhaite projeter dans l'invisible.

Il sait que Dieu est sa richesse, que toute demande obtient sa réponse et que c'est sa parole qui la rend manifeste.

« Demandez, et l'on vous donnera. »

Nous devons néanmoins faire le premier pas. « Approchez-vous de Dieu, et Il s'approchera de vous. »

On m'a souvent demandé comment s'y prendre pour faire une démonstration.

Voici ce que je réponds : « Formulez votre demande et ne faites rien jusqu'à ce que vous receviez une directive claire. » Demandez cette directive en disant : « Esprit infini, guide-moi, montre-moi ce que je dois faire. »

La réponse prendra la forme d'une intuition, d'une remarque entendue à l'improviste, d'un passage dans un livre, et ainsi de suite. L'exactitude des réponses est parfois étonnante. Ainsi, une femme désirait obtenir une grosse somme d'argent. Elle a formulé sa demande en disant : « Esprit infini, ouvre la voie vers ma richesse immédiate, fais en sorte que tout ce qui est à moi par droit divin vienne à moi sur-le-champ, dans un flot d'abondance phénoménale. » Elle a ajouté : « Donne-moi un indice précis, montre-moi ce que je dois faire. »

La réponse lui est venue très vite : « Donne cent dollars à une telle [une amie qui l'avait aidée sur le plan spirituel]. » Elle en a parlé à son amie qui lui a dit : « Attends d'avoir un autre indice avant de les donner. » Elle a donc attendu et croisé le même jour une femme qui lui a dit : « J'ai donné un dollar à quelqu'un aujourd'hui ; cela représentait pour moi autant d'argent que si vous offriez cent dollars à quelqu'un. »

Le signe était clair. Elle a compris qu'elle avait raison de donner les cent dollars. C'était un cadeau qui s'est révélé un investissement fructueux, puisque peu de temps après, elle a reçu par des voies remarquables une grosse somme d'argent.

Donner ouvre la voie au recevoir. Pour faire bouger sa situation financière, on doit donner. La dîme ou le don du dixième de son revenu personnel est une ancienne coutume juive qui ne manque jamais d'attirer l'abondance. Plusieurs des hommes les plus fortunés de ce pays suivent cette pratique et je ne connais pas de meilleur investissement.

La dîme que nous donnons nous revient bénie et multipliée. Par contre, il faut que le don soit offert avec amour et de bon cœur, car « Dieu aime celui qui donne avec joie ». Nous devrions acquitter nos factures de bon cœur et donner notre argent sans crainte, en l'accompagnant d'une bénédiction.

Cette attitude mentale fait de chacun le maître de l'argent. En effet, l'argent est le serviteur de celui qui puise à de vastes réservoirs de richesse avec sa parole.

C'est notre vision limitée qui nous fait limiter notre fortune. Il arrive que l'étudiant soit devant une grande manifestation de richesse, mais qu'il ait peur d'agir.

Or, il faut conjuguer l'action à la vision, comme dans le cas de l'homme qui s'est acheté une pelisse.

Une femme est venue me voir afin que je

« formule une demande » pour qu'elle se trouve un emploi. J'ai demandé : « Esprit infini, guide cette femme vers l'emploi qui est juste pour elle. » Ne demandez jamais « un emploi ». Demandez l'emploi qui est juste pour vous, le poste déjà prévu pour vous dans l'Esprit divin, étant donné que c'est le seul qui vous satisfera.

J'ai ensuite remercié de ce qu'elle avait déjà reçu et que la manifestation suivrait très bientôt. En peu de temps, elle a reçu trois offres, deux à New York et une à Palm Beach. Comme elle n'arrivait pas à arrêter son choix, je lui ai conseillé de demander un indice précis.

L'échéance arrivait à terme et elle n'avait toujours pas pris de décision. Un jour, elle m'a téléphoné : « J'ai senti Palm Beach ce matin, en me réveillant. » Elle y avait déjà été et connaissait ses parfums pénétrants.

J'ai répondu : « Si vous êtes capable de sentir Palm Beach d'ici, c'est certainement l'indice qu'il vous faut. » Elle a accepté le poste qu'on lui proposait, ce qui s'est avéré très avantageux pour elle.

Les indices se présentent souvent de manière inattendue. Un jour, je marchais dans la rue lorsque tout à coup j'ai eu envie de passer à la boulangerie qui se trouvait à un ou deux pâtés de maisons de là.

Ma raison a résisté, étant donné que je n'avais besoin de rien là-bas.

Mais comme j'ai appris à ne pas raisonner, je suis passée par là. J'ai fait le tour et constaté que je ne voulais rien acheter, mais en sortant j'ai croisé une femme à qui j'avais souvent pensé et qui avait grand besoin de l'aide que je pouvais lui offrir.

C'est ainsi qu'en cherchant une chose, on en trouve une autre.

L'intuition est une faculté spirituelle ; elle n'explique pas, elle ne fait que montrer le chemin.

On reçoit souvent une directive en cours de « traitement ». L'idée qui surgit pourra sembler farfelue, mais Dieu donne parfois des indices « mystérieux ».

Un jour en classe, j'ai donné un traitement pour que chaque étudiant reçoive une directive claire. Par la suite, une étudiante est venue me dire : « Pendant que vous traitiez, j'ai eu l'intuition de sortir mes meubles du garde-meuble et de prendre un appartement. » Au départ, elle était venue pour sa santé. Je lui ai répondu que j'étais certaine qu'en ayant son propre chez-soi, elle verrait sa santé s'améliorer, et j'ai ajouté : « Je crois que votre état, qui est un état de congestion, vient du fait que vous avez entreposé votre ménage. La congestion des choses engendre la congestion dans le corps. Vous avez violé la loi de l'utilisation et votre organisme en paie le prix. »

J'ai donc remercié de ce que « l'ordre divin était restauré dans son esprit, son corps et ses affaires. »

Nous sommes loin d'imaginer l'influence de nos affaires sur notre organisme. Chaque maladie comporte une correspondance mentale. Un malade pourra vivre une guérison instantanée en comprenant que son corps, étant une idée parfaite de l'Esprit divin, est donc entier et parfait ; mais s'il ne se « guérit » pas de sa pensée destructrice, de son avarice, de sa haine, de ses peurs et de ses condamnations, il rechutera.

Jésus-Christ savait que toutes les maladies ont le péché pour origine ; après avoir guéri le lépreux, il lui a conseillé de ne plus pécher, de peur qu'un mal plus grand encore ne l'afflige.

Ainsi, l'âme (ou subconscient) doit être lavée plus blanche que neige pour que sa guérison soit durable et le métaphysicien étudie toujours la question de la « correspondance ».

Jésus-Christ a dit : « Ne condamnez point, et vous ne serez point condamnés ».

« Ne jugez point, et vous ne serez point jugés. »

Bien des gens ont attiré la maladie et le malheur en condamnant les autres.

Ce que nous condamnons chez les autres, nous nous l'attirons.

En voici un exemple : une amie est venue me voir, bouleversée et furieuse, parce que son mari l'avait laissée pour une autre femme. Elle condamnait cette femme et ne cessait de répéter : « Elle savait qu'il était marié et elle n'avait pas le droit d'accepter ses attentions. »

J'ai rétorqué : « Arrêtez de la condamner, bénissez-la et finissez-en avec cette situation, autrement vous attirerez la même chose. »

Ayant fait la sourde oreille à mes paroles, elle s'est éprise d'un homme marié un an ou deux après.

Chaque fois que nous critiquons ou condamnons, c'est comme si nous saisissions un fil à haute tension : nous pouvons nous attendre à recevoir un choc en retour.

L'indécision constitue souvent une pierre d'achoppement. Pour la surmonter, répétez sans relâche cette phrase : « Je suis toujours sous inspiration directe et je prends rapidement les bonnes décisions. »

Ces mots se gravent dans le subconscient et bientôt on découvre qu'on est éveillé, alerte et qu'on pose les bons gestes sans hésitation. J'ai constaté qu'il était néfaste de chercher ses réponses sur le plan psychique, étant donné qu'il représente la dimension des esprits multiples et non celle de « l'Esprit unique ».

À mesure qu'on ouvre son esprit à la subjectivité, il devient la cible des forces destructrices. Le plan psychique est le résultat de la pensée charnelle et représente la « dimension des contraires ». On peut en recevoir de bons messages, mais aussi des communications mensongères.

La science des nombres et la lecture des horoscopes nous maintiennent sur le plan mental (ou charnel), car elles ne touchent que le cheminement karmique.

Je connais un homme qui devrait être mort depuis des années, d'après son horoscope : il est pourtant bien vivant et à la tête d'un des plus grands mouvements nationaux pour l'édification de l'humanité.

Il faut un esprit très fort pour neutraliser une prophétie néfaste. L'étudiant devrait déclarer : « Toutes les fausses prophéties sont réduites à néant ; tout plan que mon Père céleste n'a pas conçu est annulé et détruit, et l'idée divine se manifeste maintenant. »

Par contre, il faut accueillir le message favorable de bonheur ou de fortune à venir et attendre sa manifestation : il se concrétisera tôt ou tard, grâce à la loi de l'expectative.

La volonté individuelle devrait servir à appuyer la volonté universelle. « Je veux que la volonté de Dieu soit faite. »

C'est la volonté de Dieu d'exaucer les désirs justes de notre cœur et notre volonté devrait servir à maintenir la vision parfaite sans faiblir.

Le fils prodigue a dit : « Je me lèverai, j'irai vers mon Père. »

En effet, il faut souvent un effort de volonté pour laisser derrière soi « les carouges et les pourceaux » de l'entendement humain. Il est beaucoup plus facile pour l'homme moyen d'avoir peur que d'avoir la foi ; *la foi représente donc un effort de la volonté*.

À mesure qu'on s'éveille spirituellement, on reconnaît que toute inharmonie extérieure correspond à une inharmonie mentale. Si l'on trébuche, si l'on tombe, on peut se dire qu'on l'a fait en esprit.

Un jour, une étudiante marchait dans la rue en critiquant quelqu'un en pensée. Elle se disait : « C'est la femme la plus désagréable de la planète », quand trois scouts ont brusquement tourné le coin en courant et failli la renverser. Elle ne les a pas condamnés, mais a tout de suite invoqué la loi du pardon et « salué la divinité » en cette femme. Les voies de la sagesse sont agréables et elles sont toutes paisibles.

Lorsqu'on fait des demandes à l'Univers, on doit être prêt à accueillir des surprises. Tout semblera peut-être mal tourner, mais en réalité, tout ira bien.

En voici un exemple : on apprend à une femme qu'il n'y a pas de perte dans l'Esprit divin et qu'elle ne peut donc rien perdre de ce qui lui appartient ; tout ce qui est perdu lui reviendra ou elle recevra son équivalent.

Or, elle avait perdu deux mille dollars plusieurs années auparavant. Elle les avait prêtés à une parente qui était décédée sans mentionner la dette dans son testament. Elle était en colère et pleine de ressentiment, mais comme elle n'avait aucune preuve écrite de la transaction, elle n'avait jamais recouvré l'argent. Elle était néanmoins déterminée à nier cette perte et à recevoir les deux mille dollars de la banque de l'Univers. Il fallait d'abord qu'elle pardonne à sa parente, étant donné que le ressentiment et le refus de pardonner ferment les portes de cette institution merveilleuse.

Elle a formulé cette affirmation : « Je nie cette perte, car la perte n'existe pas dans l'Esprit divin. Par conséquent, je ne peux pas perdre les deux mille dollars qui m'appartiennent par droit divin. “Quand une porte se ferme, un autre s'ouvre.” »

Elle habitait un appartement dans un immeuble à vendre. Le bail comportait une clause selon laquelle les locataires seraient tenus de déménager dans les quatre-vingt-dix jours en cas de vente.

Le propriétaire a brusquement décidé de briser les baux et d'augmenter les loyers. La femme rencontrait de nouveau l'injustice sur son chemin, mais cette fois elle est restée de glace. Elle a béni le propriétaire en disant : « Comme le prix du loyer a augmenté, cela signifie que je serai plus riche d'autant, puisque Dieu est ma richesse. »

De nouveaux baux ont été rédigés en fonction de l'augmentation, mais par une erreur divine, la clause des quatre-vingt-dix jours a été omise. Peu de temps après, le propriétaire a eu la possibilité de vendre l'immeuble. À cause de l'erreur dans les nouveaux baux, les locataires pouvaient rester encore un an.

Son agent a offert deux cents dollars à chaque locataire pour qu'il vide les lieux. Plusieurs familles sont parties, mais trois locataires sont restés, y compris la femme. Un mois ou deux ont passé, puis l'agent est revenu à la charge. Cette fois, il lui a dit : « Annulerez-vous votre bail contre mille cinq cents dollars ? » La pensée de ses deux mille dollars lui a traversé l'esprit. Elle s'est souvenue d'avoir dit aux amis qu'elle avait dans l'immeuble : « Nous agirons ensemble si jamais le sujet de notre départ revient sur le tapis. » Sa directive consistait donc à consulter ses amis.

Ceux-ci ont dit : « Si on t'a offert mille cinq cents dollars, on sera certainement prêt à t'en offrir deux mille. » C'est ainsi qu'elle a reçu un chèque de deux mille dollars contre l'abandon de son appartement. C'était certainement une remarquable manifestation de la loi et l'injustice apparente n'avait servi qu'à paver la voie de sa démonstration.

Cette démonstration a prouvé que la perte n'existe pas et que nous récoltons tout ce qui est à nous du grand réservoir du Bien, une fois que nous prenons position spirituellement.

« Je vous remplacerai les années qu'ont dévorées les sauterelles. »

Les sauterelles sont les doutes, les peurs, les ressentiments et les regrets de l'entendement mortel.

À elles seules, ces pensées contraires volent l'homme, car « nul ne lui donne, si ce n'est lui-même, et nul ne lui prend, si ce n'est lui-même. »

Nous sommes sur Terre pour faire la preuve de Dieu et pour « rendre témoignage à la vérité » ; or, nous ne pouvons faire la preuve de Dieu qu'en faisant naître l'abondance de la pénurie et la justice de l'injustice.

« Mettez-moi de la sorte à l'épreuve, dit l'Éternel des armées. Et vous verrez si je n'ouvre pas pour vous les écluses des cieux, si je ne répands pas sur vous la bénédiction en abondance. »

L'EXPRESSION PARFAITE DE SOI OU LE DESSEIN DIVIN

« *Aucun vent ne peut égarer ma barque ni changer le cours de ma destinée.* »

Il y a une expression parfaite pour chacun de nous. Il y a une place qui nous revient et que personne d'autre ne peut occuper, quelque chose que nous devons accomplir et dont personne d'autre ne peut se charger : c'est notre destin !

Cet accomplissement est maintenu, idée parfaite dans l'Esprit divin, et attend que nous le reconnaissions. Comme la faculté d'imagination est la faculté de création, il faut voir l'idée avant qu'elle puisse se manifester.

Par conséquent, la plus haute demande que nous pouvons faire concerne le dessein divin de notre vie.

Nous ne savons peut-être pas du tout de quoi il s'agit, puisqu'il y a peut-être un talent merveilleux caché au plus profond de nous.

Nous devrions donc demander ceci : « Esprit infini, ouvre la voie pour que je manifeste le dessein de ma vie, libère le génie qui est en moi et montre-moi clairement ton plan parfait. »

Le plan parfait inclut la santé, la fortune, l'amour et l'expression parfaite de soi. C'est le carré de la vie, gage d'un bonheur parfait. Après avoir fait cette demande, nous pourrons constater de grands changements dans notre vie, car nous nous sommes presque tous éloignés du dessein divin.

Je sais que dans le cas d'une connaissance, on aurait dit qu'un cyclone avait frappé sa vie, mais ses affaires se sont vite replacées et de nouvelles conditions merveilleuses ont remplacé les anciennes.

L'expression parfaite de soi ne représentera jamais une tâche pénible ; ce sera plutôt un intérêt qui absorbe tellement qu'il donne l'impression d'un jeu. Par ailleurs, l'étudiant sait que lorsqu'on arrive dans le monde financé par Dieu, la richesse nécessaire à l'expression parfaite de soi est automatiquement accordée.

Plusieurs génies se sont débattus des années durant avec des problèmes financiers, alors que la foi et l'expression de la parole auraient rapidement matérialisé les fonds qui leur étaient nécessaires.

Un jour, par exemple, un homme est venu me voir à la fin d'un cours et m'a tendu une pièce d'un cent en me disant : « Ma fortune se monte à sept cents et je vous en donne un, parce que je crois au pouvoir de votre parole et j'aimerais que vous formuliez une demande pour que je manifeste la prospérité et l'expression parfaite de ce que je suis. »

Après avoir « formulé la demande », je l'ai perdu de vue durant un an. Il est revenu un jour, prospère et heureux, avec une belle liasse de grosses coupures en poche. Il m'a dit : « Tout de suite après que vous avez formulé la demande, on m'a offert un poste dans une ville éloignée et je suis maintenant la démonstration de la santé, du bonheur et de la fortune. »

L'expression parfaite de la femme peut être de devenir une conjointe, une mère et une ménagère parfaite, et pas nécessairement de faire carrière.

Demandez des directives claires et la voie s'ouvrira, facile et porteuse de réussite.

On ne devrait jamais visualiser ou imposer une image mentale. Quand on demande d'accueillir consciemment le dessein divin, on reçoit des éclairs d'inspiration et l'on commence à se voir accomplir de grandes choses. Voilà l'image, l'idée, que l'on doit maintenir sans faiblir.

Ce que nous cherchons est à notre recherche : le téléphone cherchait Bell !

Les parents ne devraient jamais imposer

une carrière ou une profession à leurs enfants. En connaissant la Vérité spirituelle, ils pourront formuler une demande pour que le plan divin soit accompli, alors que l'enfant est tout petit ou avant sa naissance.

Le traitement prénatal se formulerait ainsi : « Que Dieu présent dans cet enfant S'exprime parfaitement, que le dessein divin prévu pour l'esprit, le corps et les affaires de cet enfant se manifeste tout au long de sa vie, pour l'éternité. »

Que la volonté de Dieu soit faite et non celle de l'homme ; le dessein de Dieu et non celui de l'homme : c'est un commandement que nous retrouvons partout en filigrane dans les Saintes Écritures, car la Bible constitue un ouvrage sur la science de l'esprit. Ce livre nous explique comment libérer notre âme (ou subconscient) de l'esclavage.

Les batailles qui y sont décrites sont des représentations de la guerre que nous menons contre notre entendement mortel. « Et l'homme aura pour ennemis les gens de sa maison. » Chacun de nous est semblable à Josaphat et à David, qui tue Goliath (l'entendement mortel) à l'aide d'une petite pierre blanche (la foi).

Par conséquent, nous devons faire attention de ne pas nous comporter « en serviteurs méchants et paresseux » en enterrant notre talent. Une punition sévère attend celui qui ne se sert pas de ses dons.

La peur se dresse souvent entre nous et l'expression parfaite de notre être. Le trac a gêné bien des génies. Or, on peut le surmonter grâce à la parole, en le traitant. La gêne disparue, on a alors simplement l'impression d'être le canal à travers lequel l'Intelligence infinie S'exprime.

On est alors sous inspiration directe, sans peur, confiant, car on sent que c'est « le Père en soi » qui agit.

Un jeune garçon accompagnait souvent sa mère à mes cours. Un jour, il m'a demandé de « formuler une demande » pour ses examens qui approchaient.

Je lui ai dit d'affirmer ceci : « Je suis uni à l'Intelligence infinie. Je sais tout ce que je dois savoir sur ce sujet. » Il avait de solides connaissances en histoire, mais n'était pas très sûr de lui en arithmétique. Je l'ai revu après ses examens et il m'a confié : « J'ai formulé la demande pour l'examen d'arithmétique et obtenu une excellente note, mais j'ai pensé que je pouvais me fier à mes connaissances en histoire et le résultat a été désastreux. » On vit souvent un revers quand on est « trop sûr de soi », c'est-à-dire quand on fait confiance à sa personnalité plutôt qu'au « Père en soi ».

Une autre de mes étudiantes m'a fourni un exemple de ce constat. Un été, elle a fait un long voyage à l'étranger et visité plusieurs pays dont elle ne parlait pas la langue. Elle demandait constamment guidance et protection et tout est allé miraculeusement, comme sur des roulettes. Ses bagages n'ont jamais été en retard ou égarés ! Elle a été logée dans les meilleurs hôtels et a reçu un service hors pair partout où elle est passée. En rentrant à New York, comme elle connaissait la langue, elle s'est dit qu'elle n'avait plus besoin de Dieu et a entrepris de s'occuper de ses affaires sans Lui.

Tout est allé de travers et ses valises ont été retardées, au milieu du désordre et de la confusion. L'étudiant doit prendre l'habitude de « s'exercer à la Présence de Dieu » à chaque minute. « Reconnais-le dans toutes tes voies » ; rien n'est trop grand ni trop petit.

Il arrive qu'un événement insignifiant constitue le point tournant dans la vie d'un homme.

Robert Fulton a imaginé le bateau à vapeur en observant de l'eau bouillante frémir dans une théière !

J'ai souvent vu un étudiant entraver la manifestation de sa démonstration en résistant ou en voulant imposer son choix.

Il investit sa foi dans une seule avenue et dicte la manière exacte dont il veut que la manifestation se produise, ce qui immobilise tout le processus.

Le commandement de l'Intelligence infinie dit bien : « Mes voies, pas les tiennes ! » Comme toute force, que ce soit la vapeur ou l'électricité, elle doit disposer d'un moteur ou d'un instrument qui ne présente aucune résistance pour pouvoir s'exprimer et nous sommes ce moteur, cet instrument.

On nous conseille maintes et maintes fois de rester en place ou de « se tenir là ». « Vous n'aurez point à combattre en cette affaire : présentez-vous, tenez-vous là, et vous verrez la délivrance que l'Éternel vous accordera. Juda et Jérusalem, ne craignez point et ne vous effrayez point, demain, sortez à leur rencontre, et l'Éternel sera avec vous ! »

Nous le constatons dans l'exemple de la femme qui a obtenu deux mille dollars de son propriétaire lorsqu'elle a renoncé à résister et est restée imperturbable, et dans celui de la femme qui a conquis l'amour de l'homme qu'elle aimait, « une fois toutes ses souffrances apaisées ».

L'étudiant doit avoir pour but d'atteindre l'équilibre, étant donné que l'équilibre représente le pouvoir ; en effet, il donne au Pouvoir divin la chance de pénétrer en lui afin qu'il « agisse selon Son bon vouloir ».

Maître de lui, l'étudiant a la pensée claire et prend « rapidement les bonnes décisions ». Rien ne lui échappe.

La colère altère la vision et empoisonne le sang ; elle est à l'origine de nombreuses maladies et entraîne la prise de mauvaises décisions qui ne mènent qu'à l'échec.

La colère est l'un des « péchés » capitaux en raison du caractère mortifère de ses répercussions. L'étudiant apprend qu'en métaphysique, le mot « péché » a un sens beaucoup plus large que dans l'ancien enseignement. « Tout ce qui n'est pas le produit d'une conviction est péché. »

Il s'aperçoit que la peur et l'inquiétude sont des péchés mortels. Ce sont des exemples de foi mal placée, qui concrétise l'objet de ses craintes par le biais de ses images mentales déformées. Sa tâche consiste à repousser ses ennemis (de son subconscient). « Quand l'Homme est sans peur, il est achevé ! » Hélas, comme le disait Maeterlinck : « L'homme est un dieu qui a peur. »

Ainsi, comme nous l'avons lu dans les chapitres précédents, on ne peut vaincre sa peur qu'en affrontant ce qui en constitue la cause. Lorsque Josaphat s'est préparé avec son armée à combattre l'ennemi en chantant : « Louez l'Éternel, car sa miséricorde dure à toujours », ils ont découvert que leurs ennemis s'étaient entretués et qu'il n'y avait plus personne sur le champ de bataille.

Voici un autre exemple : une femme a demandé à une amie de transmettre un message à une autre amie. Or, l'amie craignait de transmettre le message, car sa raison lui avait soufflé de ne pas se mêler de cette affaire.

Elle avait cependant l'esprit troublé à cause de la promesse qu'elle avait faite. En fin de compte, elle a décidé de « faire face au lion » et invoqué la loi de la protection divine. Elle a rencontré la destinataire du message et au moment où elle ouvrait la bouche pour le lui transmettre, celle-ci lui a dit : « Une telle a quitté la ville. » Cette nouvelle rendait le message inutile puisque la situation dépendait de la présence de cette femme en ville. Comme elle avait décidé de se soumettre à son obligation, elle n'a pas été obligée de la remplir et comme elle était sans crainte, la situation a disparu.

L'étudiant retarde souvent sa démonstration en croyant qu'elle est incomplète. Il devrait affirmer ceci : « Tout est achevé dans l'Esprit divin. Par conséquent, ma démonstration est complète – mon travail parfait, ma maison parfaite, ma santé parfaite. » Quelles qu'elles soient, ses demandes sont des idées parfaites gravées dans l'Esprit divin et elles doivent se manifester « par la grâce et les moyens parfaits ». Il remercie de ce qu'il a déjà reçu dans l'invisible et se prépare activement à recevoir dans le visible.

Une de mes étudiantes avait besoin d'une démonstration sur le plan financier. Elle est venue me demander pourquoi celle-ci n'était pas achevée.

J'ai répondu : « C'est peut-être parce que vous avez l'habitude de laisser les choses en plan et que votre subconscient a repris cette habitude de ne rien terminer (l'extérieur étant un reflet de l'intérieur). »

Elle a dit : « Vous avez raison. Je commence souvent des choses que je ne termine jamais.

« Je vais rentrer à la maison pour terminer la couture d'un vêtement que j'ai commencé, il y a plusieurs semaines, et je sais que ce sera symbolique de ma démonstration. »

Elle a donc cousu assidûment et le vêtement a vite été terminé. Peu de temps après, l'argent est arrivé d'une façon extrêmement curieuse.

Son mari a reçu deux fois son salaire du mois. Il a signalé l'erreur, mais son employeur lui a dit de garder l'argent.

Quand on demande avec foi, on ne peut manquer de recevoir, car Dieu crée Ses propres voies !

On me demande parfois : « Supposons qu'on possède plusieurs talents, comment savoir lequel choisir ? » Demandez de recevoir une directive précise, comme ceci : « Esprit infini, donne-moi une indication claire, montre-moi quelle est la parfaite expression de mon être, quel talent je dois exercer maintenant. »

J'ai vu des gens s'engager sans préparation dans une nouvelle forme de travail et se découvrir pleinement outillés pour le faire, avec peu ou pas de formation. Prononcez cette phrase : « Je suis parfaitement outillé pour le dessein divin de ma vie » et saisissez sans crainte les occasions qui passent.

Certains donnent de bon cœur mais ne sont pas capables de recevoir. L'orgueil ou une autre mauvaise raison leur font repousser les cadeaux. Cette réaction tarit leur source et les laisse invariablement démunis de tout ou presque. Ainsi, une femme qui avait donné beaucoup d'argent s'est vue offrir plusieurs milliers de dollars. Elle les a refusés, disant qu'elle n'en avait pas besoin. Peu de temps après, se trouvant embarrassée sur le plan financier, elle s'est trouvée endettée du même montant. Il faut recevoir avec grâce le pain « qui nous revient sur les eaux ». Vous avez donné librement et librement vous recevrez.

Un équilibre parfait règne toujours entre ce

qu'on donne et ce qu'on reçoit. Même si nous devrions donner de façon désintéressée, nous violons la loi en n'acceptant pas ce que nous recevons en retour, puisque tous les cadeaux viennent de Dieu et que nous sommes seulement Son canal.

Il ne faut jamais attacher une pensée de pénurie à celui qui donne.

Ainsi, lorsque cet étudiant m'a donné sa pièce de monnaie, je n'ai pas dit : « Pauvre homme, il n'a pas les moyens de me donner ce cent. » Je l'ai vu riche et prospère, abondamment nanti de ce qui lui revenait. C'est cette pensée qui a manifesté sa fortune. Celui qui ne sait pas recevoir doit apprendre à le faire et accepter même un timbre poste si on lui en offre un pour faire jaillir la source du recevoir en lui.

Le Seigneur aime autant celui qui reçoit avec joie, que celui qui donne avec joie.

On me demande souvent pourquoi certains naissent riches et en santé, et d'autres pauvres et malades.

Là où il y a un effet, il y a toujours une cause : ce qu'on appelle le hasard n'existe pas.

La question trouve sa réponse dans la loi de la réincarnation. L'être humain traverse bien des naissances et des morts, jusqu'à ce qu'il connaisse la vérité qui l'affranchit.

Il est ramené sur le plan terrestre par ses désirs insatisfaits, pour payer ses dettes karmiques ou pour « accomplir sa destinée ».

Celui qui naît riche et bien portant a alimenté dans son incarnation précédente des images de santé et de richesse dans son subconscient ; celui qui est pauvre et malade a fait de même avec des représentations de maladie et de pauvreté. Nous manifestons la somme de nos croyances subconscientes, quelle que soit la dimension.

Quoi qu'il en soit, la naissance et la mort sont des lois créées par l'homme, étant donné que « le salaire du péché, c'est la mort », c'est-à-dire la chute de la conscience de l'homme adamique, berné par sa croyance en deux pouvoirs. L'homme véritable, l'être spirituel, ne connaît ni la naissance ni la mort ! Il n'est jamais né et il n'est jamais mort. « Il était dès le commencement et sera toujours ! »

C'est ainsi que grâce à la vérité, chacun s'affranchit de la loi du karma, du péché et de la mort et manifeste l'homme créé « à Son image et à Sa ressemblance ». Notre liberté vient de l'accomplissement de notre destinée, de la manifestation du dessein que Dieu a conçu pour notre vie.

Le Seigneur dira : « C'est bien, bon et fidèle serviteur, tu as été fidèle en peu de chose, sur beaucoup je t'établirai [sur la mort elle-même] ; viens te réjouir avec ton maître [dans la vie éternelle]. »

NÉGATIONS ET AFFIRMATIONS

« *À tes résolutions répondra le succès.* »

Tout le bien qui doit se manifester dans notre vie est déjà un fait accompli dans l'Esprit divin. Il attend pour se manifester que nous le reconnaissions ou que nous le formulions en paroles. Nous devons donc procéder avec discernement et affirmer que seule l'Idée divine devient manifeste, car il arrive souvent que nous décrétions l'échec et le malheur par nos « vaines paroles ».

Il est donc crucial de formuler correctement nos demandes, comme je l'ai mentionné dans un chapitre précédent.

Si vous désirez un foyer, un ami, une situation ou une autre forme de bien, demandez « le choix divin ».

Par exemple : « Esprit infini, ouvre la voie vers mon vrai chez-moi, mes vrais amis, ma vraie situation. Je Te remercie pour cette manifestation qui se produit par la grâce et d'une manière parfaite. »

La dernière partie de la phrase est de la plus haute importance. J'ai connu une femme qui a demandé mille dollars. Sa fille s'est blessée et une indemnité de mille dollars leur a été versée, donc l'argent ne s'est pas manifesté « d'une manière parfaite ». Il aurait fallu formuler la demande ainsi : « Esprit infini, je Te remercie que les mille dollars qui sont à moi par droit divin sont maintenant libérés et viennent à moi par la grâce et d'une manière parfaite. »

En cultivant notre conscience de l'opulence, nous devrions demander que les très grosses sommes d'argent qui nous reviennent par droit divin nous parviennent par la grâce et les moyens parfaits.

Nous ne pouvons pas manifester plus que ce que nous croyons possible, étant donné que nous sommes tributaires des attentes limitées de notre subconscient. Il faut donc exalter nos espérances pour recevoir plus abondamment.

Très souvent, nous nous limitons dans nos demandes. Ainsi, un étudiant a demandé de recevoir six cents dollars à une date précise. Il l'a reçu, pour apprendre par la suite qu'il avait été bien près d'en recevoir mille. Il n'en a reçu que six cents parce que c'était le montant qu'il avait demandé.

« Ils ne cessèrent de tenter Dieu et de limiter le Saint d'Israël. » La richesse est une affaire de conscience. Les Français ont une légende qui en fournit d'ailleurs un exemple. Un homme indigent marche sur une route lorsqu'il rencontre un voyageur qui l'arrête en lui disant : « Mon ami, je vois que vous êtes pauvre. Prenez cette pépite d'or, vendez-la et vous serez riche jusqu'à la fin de vos jours. »

Fou de joie devant sa bonne fortune, l'homme emporte la pépite chez lui, déniche un emploi et devient tellement riche qu'en fin de compte, il ne la vend pas. Les années passent, il est devenu un homme très fortuné. Un jour, il rencontre un indigent sur la route. Il l'arrête et lui dit : « Mon ami, je vais vous donner cette pépite d'or qui fera de vous un homme riche pour la vie si vous la vendez. » Le mendiant prend la pépite, la fait évaluer et apprend qu'il s'agit de... laiton. Nous voyons ainsi que le premier homme a fait fortune en se sentant riche, croyant que la pépite était de l'or.

Chacun porte une pépite d'or en lui : c'est sa conscience de l'or, de l'opulence, qui fait entrer la fortune dans sa vie. En formulant nos demandes, nous commençons par la fin du processus, c'est-à-dire que nous affirmons que nous avons déjà reçu. « Avant qu'ils m'invoquent, je répondrai. »

L'affirmation répétée en boucle grave la croyance dans le subconscient.

D'ailleurs, si nous avions une foi parfaite, nous n'aurions pas à prononcer une affirmation plus d'une fois ! Il ne faut jamais plaider ou supplier, mais rendre grâce sans relâche d'avoir déjà reçu.

« Le désert et le pays aride se réjouiront ; la solitude s'égaiera, et fleurira comme un narcisse. » Cette allégresse qui nous habite alors même que nous sommes toujours dans le désert (état de conscience) mène à notre libération. Le Notre Père est à la fois une demande et un commandement. « Donne-nous aujourd'hui notre pain de ce jour, pardonne-nous nos offenses comme nous pardonnons à ceux qui nous ont offensés. » Il se termine par une louange : « Car c'est à Toi qu'appartiennent le royaume, la puissance et la gloire pour les siècles des siècles. Amen. » « Veut-on me donner des ordres sur l'œuvre de mes mains ? »

La prière est donc à la fois un ordre et une requête, une louange et une action de grâce. Le travail de l'étudiant consiste à intégrer la croyance qu'« à Dieu tout est possible ».

L'exercice semble facile dans l'abstrait, mais plus difficile lorsqu'on est confronté à un problème. Ainsi, il fallait qu'une femme fasse la démonstration d'une grosse somme d'argent dans un certain délai. Sachant qu'elle devait poser un geste pour obtenir l'accomplissement (puisque l'accomplissement est la manifestation) de sa demande, elle a demandé une « directive ».

Alors qu'elle traversait un magasin à rayons, elle a vu un très beau coupe-papier en émail rose et senti une « attirance » pour cet objet. Une pensée lui a traversé l'esprit : « Je n'ai pas de coupe-papier assez beau pour ouvrir des enveloppes contenant de gros chèques. »

Elle a donc acheté le coupe-papier, ce que la raison aurait taxé d'extravagance. En le tenant, elle a eu une vision fugitive : elle s'est vue ouvrir une enveloppe contenant un chèque pour une somme importante. Quelques semaines après, elle recevait l'argent. Le coupe-papier rose avait servi de pont à sa foi proactive.

Une foule de récits attestent le pouvoir du subconscient lorsqu'il est dirigé par la foi.

En voici un exemple : un homme passait la nuit dans une ferme, dans une chambre dont la fenêtre avait été condamnée. Au milieu de la nuit, il a eu l'impression de suffoquer et s'est dirigé vers la fenêtre dans le noir. N'ayant pu l'ouvrir, il a brisé un carreau avec son poing et inspiré l'air frais à pleins poumons avant de se recoucher et de dormir comme un loir le reste de la nuit.

Au matin, il a constaté qu'il avait brisé le

verre d'une bibliothèque et que la fenêtre était restée fermée toute la nuit. Il s'était procuré de l'oxygène du simple fait de penser à de l'oxygène.

L'étudiant qui commence à faire des démonstrations ne devrait jamais revenir en arrière. « Celui qui vacille n'obtient rien du Seigneur. »

Un étudiant a eu cette phrase merveilleuse, un jour : « Quand je demande quelque chose au Père, je mets les choses au clair en disant : "Père, je n'accepterai pas moins que ce que j'ai demandé, mais davantage !" » Nous ne devrions jamais faire de compromis et « tenir ferme après avoir tout surmonté ». C'est parfois l'étape la plus difficile du processus de démonstration. On sera peut-être tenté d'abandonner, de rebrousser chemin, de faire un compromis.

« Il sert aussi, celui qui ne fait qu'attendre. »

Les démonstrations se produisent souvent à la onzième heure, parce que c'est à ce moment que nous lâchons prise, c'est-à-dire que nous cessons de raisonner, laissant ainsi le champ libre à l'Intelligence infinie.

Les désirs sombres sont exaucés sombrement et les désirs impatients le sont violemment ou avec beaucoup de retard.

Ainsi, une femme m'a demandé pourquoi elle égarait ou brisait toujours ses lunettes.

Nous avons découvert qu'elle répétait toujours avec impatience qu'elle aimerait se débarrasser de ses lunettes, tant aux autres qu'à elle-même. Son désir impatient était donc violemment exaucé. Elle aurait dû demander une vision parfaite. Au lieu de cela, elle avait simplement gravé dans son subconscient le désir impatient de se débarrasser de ses lunettes, d'où le fait qu'elles étaient continuellement brisées ou égarées.

Deux attitudes mentales entraînent les pertes : le manque d'appréciation, comme dans le cas de la femme qui n'estimait pas suffisamment son mari, et la peur de perdre, qui crée une image de perte dans le subconscient.

Quand l'étudiant sera capable de lâcher prise sur son problème (en se libérant de son fardeau), il obtiendra une manifestation instantanée.

Ainsi, une femme sortie par un jour d'orage a vu son parapluie se retourner sous l'effet du vent. Comme elle se rendait chez des gens qu'elle rencontrait pour la première fois, elle ne voulait pas se présenter avec un parapluie démantibulé. Elle ne pouvait pas non plus le jeter, puisqu'il ne lui appartenait pas. Au désespoir, elle s'est exclamée : « Mon Dieu, je te confie ce parapluie, je ne sais qu'en faire. »

L'instant d'après, une voix s'élevait derrière elle : « Madame, voulez-vous que je répare votre parapluie ? » C'était un raccommodeur qui passait par là. Elle s'est empressée d'acquiescer.

L'homme a réparé le parapluie tandis qu'elle faisait sa visite et à son retour il était de nouveau en bon état. C'est ainsi qu'il y a toujours un raccommodeur à portée de la main sur le chemin de celui qui remet son parapluie (ou sa situation) entre les mains de Dieu.

On devrait toujours faire suivre une négation d'une affirmation.

Par exemple, j'ai été appelée tard un soir à traiter par téléphone un homme que je n'avais jamais rencontré. Il était apparemment très malade. J'ai formulé les phrases suivantes : « Je nie cette apparence de maladie. Elle n'est pas réelle, ce qui fait qu'elle ne peut pas se graver dans la conscience de cet homme. Il est l'idée parfaite dans l'Esprit divin, pure substance exprimant la perfection. »

Il n'y a ni temps ni espace dans l'Esprit divin ; par conséquent, la parole atteint immédiatement sa cible et « ne revient pas sans effet ». J'ai ainsi traité des patients en Europe et le résultat a été instantané.

On me demande souvent d'expliquer la différence entre la visualisation et la vision. La visualisation est un processus mental régi par la raison ou le conscient, tandis que la vision est un processus spirituel gouverné par l'intuition ou la supraconscience. L'étudiant devrait entraîner son mental à accueillir ces éclairs d'inspiration et travailler à décoder les « images divines » grâce à des directives précises. Quand l'homme est capable de dire qu'il ne désire que ce que Dieu désire pour lui, ses désirs fallacieux disparaissent de sa conscience et il reçoit un nouvel ensemble de plans du Maître architecte, son Dieu intérieur. Le plan que Dieu a conçu pour chacun de nous transcende les limites de la raison ; il représente toujours le carré de la vie, c'est-à-dire la santé, la richesse, l'amour et l'expression parfaite de soi. Nombreux sont ceux qui se construisent un bungalow en imagination alors qu'ils pourraient se bâtir un palais.

Si l'étudiant essaie de forcer la démonstration (par le raisonnement), il en paralyse le mouvement. « Moi, l'Éternel, je hâterai ces choses en leur temps. » L'étudiant ne devrait agir qu'en suivant son intuition ou des directives précises. « Repose dans le Seigneur et attends patiemment. Espère en Lui et Il t'exaucera. »

J'ai vu la loi s'appliquer de la façon la plus étonnante qui soit. Ainsi, une étudiante m'a confié qu'elle avait absolument besoin de cent dollars pour le lendemain. Elle devait honorer une dette d'une importance capitale. J'ai « formulé une demande », en disant que l'Esprit

« n'était jamais en retard » et que l'abondance était toujours à portée de la main.

Le soir, elle m'a téléphoné pour me raconter qu'un miracle s'était produit. Elle m'a dit que l'idée lui était venue d'aller à la banque pour consulter certains documents dans son coffret de sûreté. Elle a sorti les documents et trouvé un billet de cent dollars tout neuf au fond du coffret. Elle était stupéfaite et m'a dit qu'elle était certaine de ne pas l'avoir mis là, étant donné qu'elle avait déjà consulté ces documents plusieurs fois. C'était peut-être un exemple de matérialisation, comme Jésus-Christ avec les pains et les poissons. L'humanité atteindra un jour l'étape où son « Verbe se fera chair », c'est-à-dire se matérialisera instantanément. « Les champs mûrs pour la récolte » se manifesteront immédiatement, comme dans les miracles de Jésus-Christ.

En lui-même, le nom de Jésus-Christ possède une puissance redoutable. Il représente la Vérité manifestée. Il a dit : « Ce que vous demanderez à mon Père en mon nom, Il vous le donne. »

La puissance de Son nom élève l'étudiant dans la quatrième dimension, où il est affranchi de toutes les influences astrales et psychiques et devient « inconditionné et absolu, comme Dieu Lui-même est inconditionné et absolu ».

J'ai été témoin de nombreuses guérisons qui ont été accomplies grâce à l'emploi des mots : « Au nom de Jésus-Christ. »

Le Christ est à la fois une personne et un principe ; le Christ en chacun de nous est notre Rédempteur et notre Salut.

Notre Christ intérieur est ce que nous sommes dans la quatrième dimension, l'homme créé à l'image de Dieu et à Sa ressemblance. C'est la partie de nous qui n'a jamais connu l'échec, la maladie ou le chagrin, qui n'est jamais née et jamais morte. C'est pour chacun de nous la « résurrection et la vie » ! « Nul ne vient au Père que par le Fils » signifie que Dieu, l'Universel, à l'œuvre sur le plan du particulier, devient le Christ dans l'homme ; et l'Esprit Saint signifie Dieu-en-action. C'est ainsi que chaque jour, nous manifestons la Trinité du Père, du Fils et du Saint-Esprit.

L'humanité devrait faire de la pensée un art. Le Maître penseur est un artiste qui prend soin de ne peindre que les desseins divins sur le canevas de son esprit ; il peint ces œuvres par touches magistrales, vibrantes de force et de décision, dans la foi parfaite qu'aucune puissance ne peut altérer leur perfection et qu'elles manifesteront dans sa vie l'idéal devenu réalité.

Nous avons reçu plein pouvoir (grâce à la pensée juste) de réaliser notre paradis sur Terre et c'est là le but du « jeu de la vie ».

Les règles sont simples : une foi inébranlable, la non-résistance et l'amour !

Puisse chaque lecteur s'affranchir de ce qui l'a maintenu en esclavage depuis des siècles, de ce qui s'est dressé entre lui et son bien ; puisse-t-il « connaître la Vérité qui l'affranchira » et le rendra libre d'accomplir sa destinée, d'inviter la manifestation du « dessein divin de sa vie, de la santé, de la fortune, de l'amour et de l'expression parfaite de ce qu'il est ». « Soyez transformé par le renouvellement de votre esprit. »

NÉGATIONS ET AFFIRMATIONS

POUR LA PROSPÉRITÉ

Dieu étant ma richesse infaillible, de grosses sommes d'argent viennent à moi rapidement, par la grâce et les moyens parfaits.

POUR DES CONDITIONS HARMONIEUSES

Tout plan que mon Père céleste n'a pas conçu est annulé et détruit, et l'Idée divine se manifeste maintenant.

POUR DES CONDITIONS HARMONIEUSES

Seul ce qui est vrai de Dieu est vrai de moi, puisque nous sommes Un, mon Père et moi.

Pour la foi

Comme je suis Un avec Dieu, je suis Un avec mon bien, Dieu étant à la fois le donateur et le don. Je ne peux pas séparer le donateur du don.

Pour des conditions harmonieuses

L'Amour divin écarte et dissipe sur-le-champ toutes les mauvaises conditions présentes dans mon esprit, dans mon corps et dans mes affaires. L'Amour divin est le plus puissant solvant de l'univers : il dissout tout ce qui ne procède pas de lui !

Pour la santé

L'Amour divin inonde ma conscience de santé et toutes les cellules de mon corps sont remplies de lumière.

Pour une bonne vision

Mes yeux sont les yeux de Dieu, je vois avec les yeux de l'esprit. Je vois clairement la voie ouverte devant moi, il n'y a pas d'obstacles sur mon chemin. Je vois clairement le plan parfait.

Pour être guidé

Je suis divinement sensible aux directives de mon intuition et j'obéis sur-le-champ à Ta volonté.

Pour une bonne ouïe

Mes oreilles sont les oreilles de Dieu, j'entends avec les oreilles de l'esprit. Je suis sans résistance et disposé à me laisser guider. J'entends de bonnes nouvelles porteuses de grandes joies.

Pour un travail satisfaisant

J'ai beaucoup de travail,
Divinement donné.
Je sers de mon mieux
Et je suis très bien payé.

Pour être libéré de tout esclavage

Je remets ce fardeau au Christ qui est en moi et j'avance en toute liberté !

Table des matières

DAN MILLMAN
VOTRE CHEMIN DE VIE
Une méthode pour en découvrir le but
OCTAVE
ÉDITIONS

Éditions Octave — 448 pages
Format 6 x 9 po — ISBN : 978-2-923717-37-1

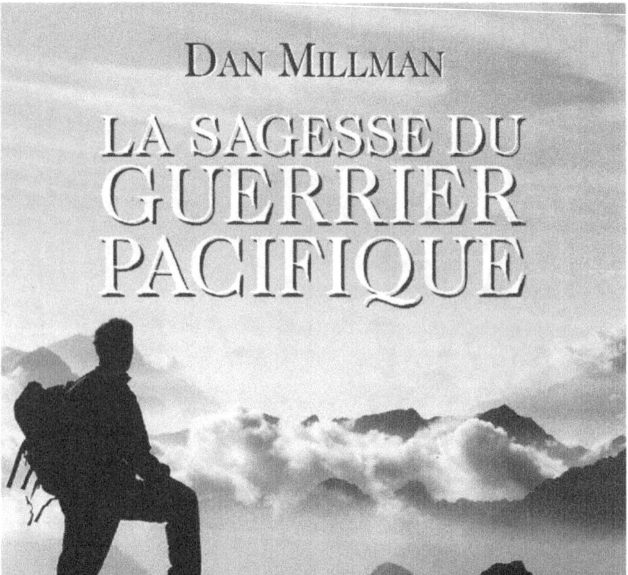

DAN MILLMAN
LA SAGESSE DU GUERRIER PACIFIQUE
Un complément au livre qui a changé des milliers de vies
OCTAVE ÉDITIONS